Front ★ of the CLASS

GRADES
K-1

Word Searches

Jam packed with hours of FUN!

Thinking Kids™
An imprint of Carson-Dellosa Publishing LLC
P.O. Box 35665
Greensboro, NC 27425 USA

Thinking Kids™
An imprint of Carson-Dellosa Publishing LLC
P.O. Box 35665
Greensboro, NC 27425 USA

ISBN 978-1-4838-3136-7

Table of Contents

Table of Contents

Pets

Directions: Find and circle the words in the puzzle.

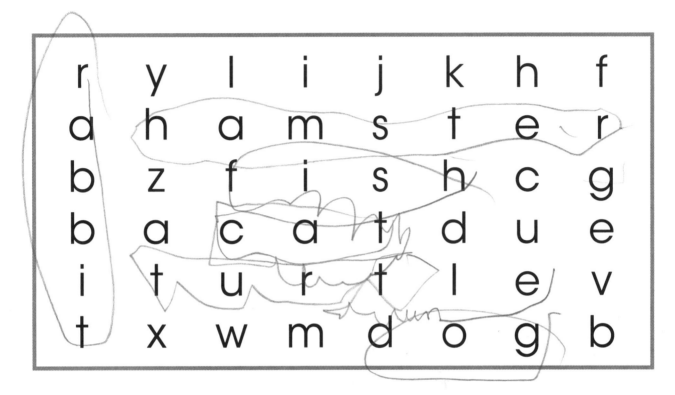

```
r  y  l  i  j  k  h  f
a  h  a  m  s  t  e  r
b  z  f  i  s  h  c  g
b  a  c  a  t  d  u  e
i  t  u  r  t  l  e  v
t  x  w  m  d  o  g  b
```

cat   dog

fish   hamster

rabbit   turtle

On the Farm

Directions: Find and circle the words in the puzzle.

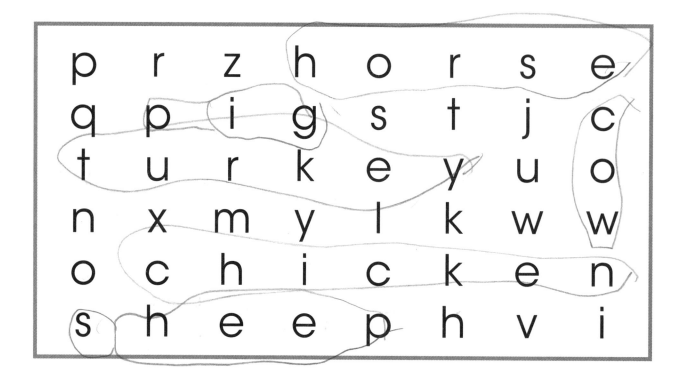

```
p  r  z  h  o  r  s  e
q  p  i  g  s  t  j  c
t  u  r  k  e  y  u  o
n  x  m  y  l  k  w  w
o  c  h  i  c  k  e  n
s  h  e  e  p  h  v  i
```

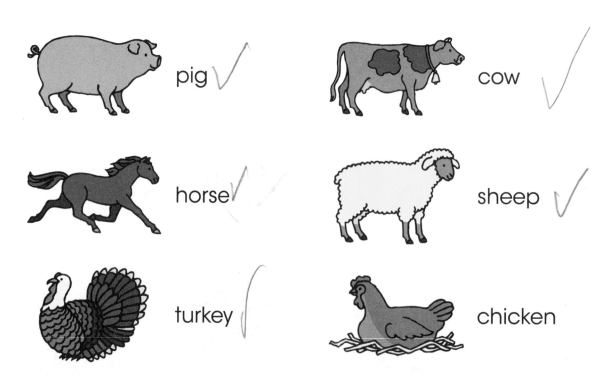

pig ✓   cow ✓

horse ✓   sheep ✓

turkey ✓   chicken

At the Zoo

Directions: Find and circle the words in the puzzle.

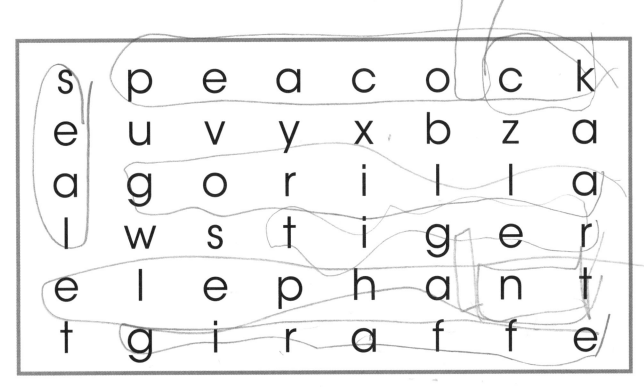

```
s  p  e  a  c  o  c  k
e  u  v  y  x  b  z  a
a  g  o  r  i  l  l  a
l  w  s  t  i  g  e  r
e  l  e  p  h  a  n  t
t  g  i  r  a  f  f  e
```

tiger

seal ✓

giraffe ✓

gorilla ✓

peacock ✓

elephant ✓

On the Shore

Directions: Find and circle the words in the puzzle.

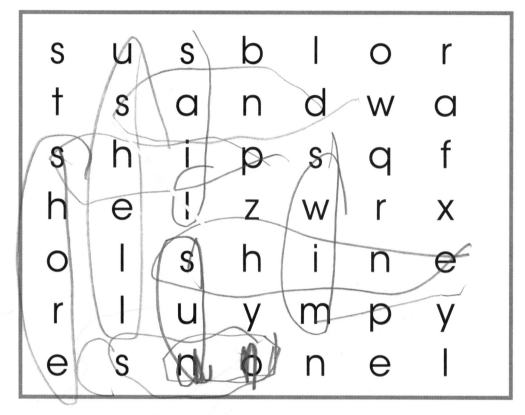

s	u	s	b	l	o	r	
t	s	a	n	d	w	a	
s	h	i	p	s	q	f	
h	e	l	z	w	r	x	
o	l	s	h	i	n	e	
r	l	u	y	m	p	y	
e	s	n	o	n	e	l	

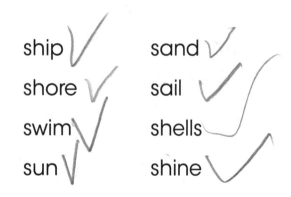

ship ✓	sand ✓
shore ✓	sail ✓
swim ✓	shells ✓
sun ✓	shine ✓

Name_____

In the Ocean

Directions: Find and circle the words in the puzzle.

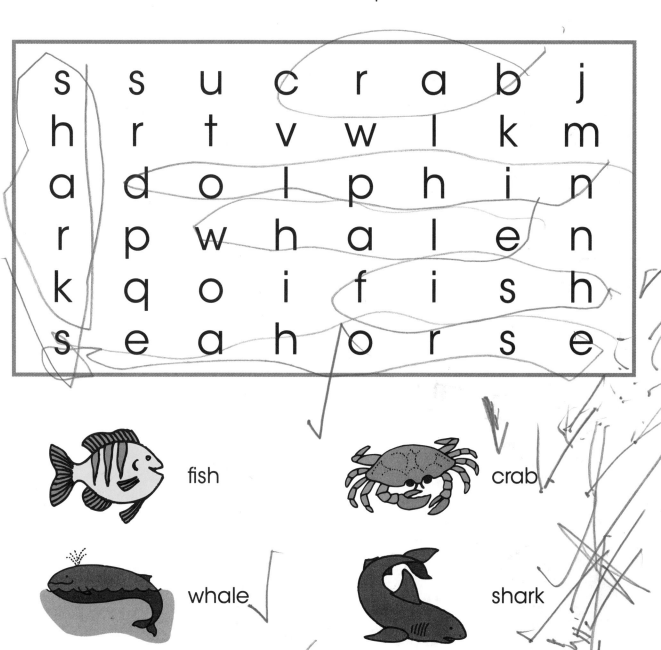

s	s	u	c	r	a	b	j
h	r	t	v	w	l	k	m
a	d	o	l	p	h	i	n
r	p	w	h	a	l	e	n
k	q	o	i	f	i	s	h
s	e	a	h	o	r	s	e

fish

crab

whale

shark

dolphin

seahorse

In the Rainforest

Directions: Find and circle the words in the puzzle.

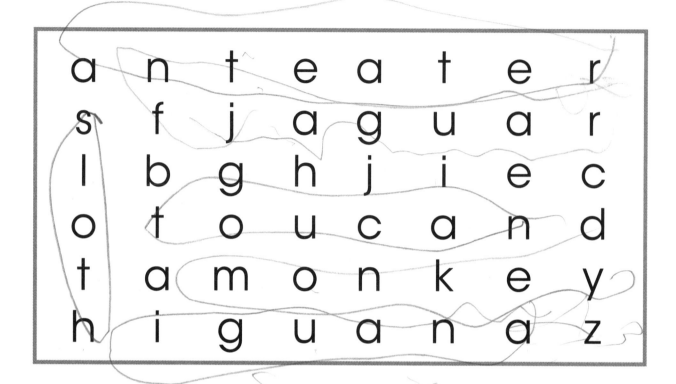

```
a n t e a t e r
a s f j a g u a r r
s l b g h j i e c
l o t o u c a n d
o t a m o n k e y
h i g u a n a z
```

 sloth ✓

 monkey

 jaguar

 toucan

 iguana ✓

 anteater ✓

Woodland Animals

Directions: Find and circle the words in the puzzle.

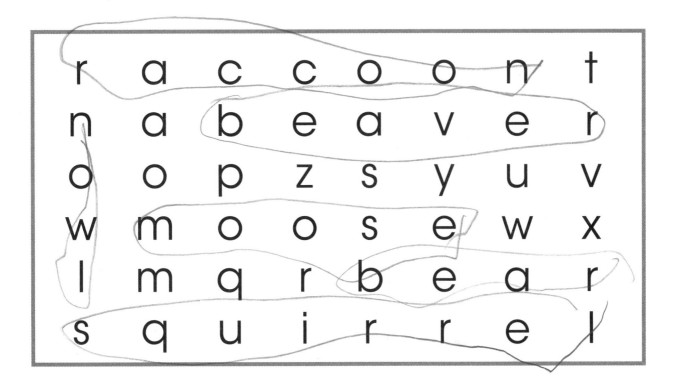

```
r a c c o o n t
n a b e a v e r
o o p z s y u v
w m o o s e w x
l m q r b e a r
s q u i r r e l
```

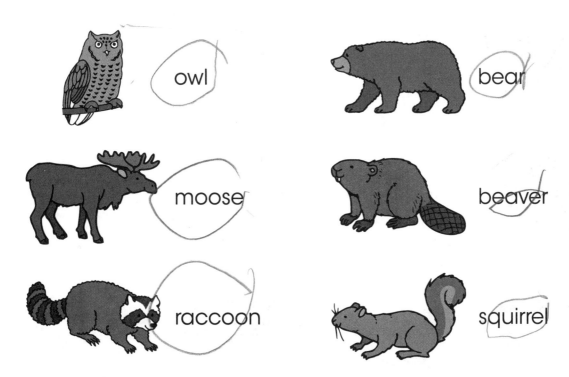

owl

bear

moose

beaver

raccoon

squirrel

Living Things

Directions: Find and circle the words in the puzzle.

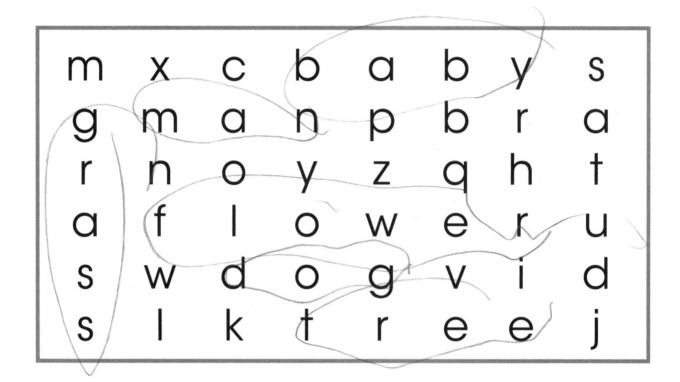

m	x	c	b	a	b	y	s
g	m	a	n	p	b	r	a
r	n	o	y	z	q	h	t
a	f	l	o	w	e	r	u
s	w	d	o	g	v	i	d
s	l	k	t	r	e	e	j

dog

man

tree

baby

grass

flower

Name _____

Nonliving Things

Directions: Find and circle the words in the puzzle.

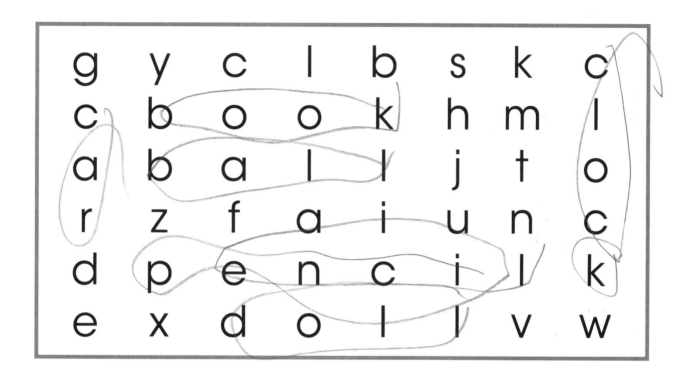

g y c l b s k c
c b o o k h m l
a b a l j t o
r z f a i u n c
d p e n c i l k
e x d o l l v w

car

doll

ball

book

clock

pencil

Toy Time

Directions: Find and circle the words in the puzzle.

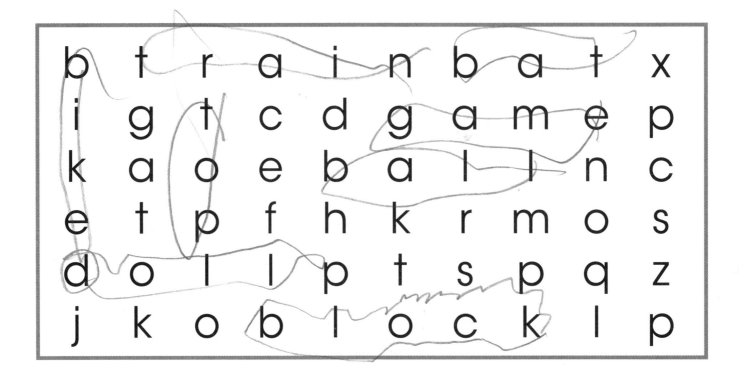

```
b t r a i n b a t x
i g t c d g a m e p
k a o e b a l l n c
e t p f h k r m o s
d o l l p t s p q z
j k o b l o c k l p
```

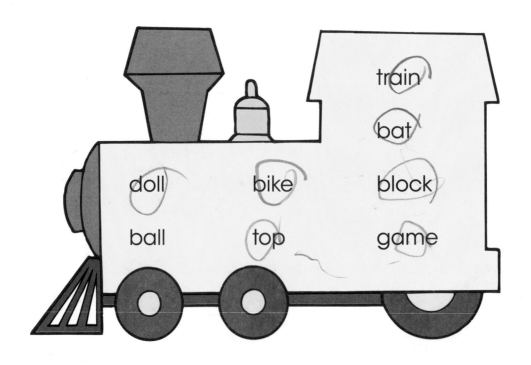

train

bat

doll   bike   block

ball   top   game

What Begins with A?

Directions: Find and circle the words in the puzzle.

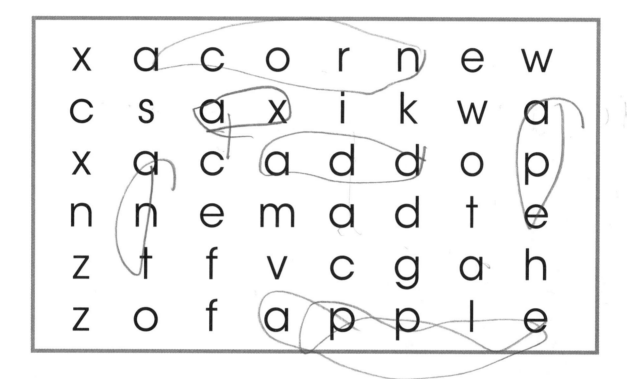

```
x  a  c  o  r  n  e  w
c  s  a  x  i  k  w  a
x  a  c  a  d  d  o  p
n  n  e  m  a  d  t  e
z  t  f  v  c  g  a  h
z  o  f  a  p  p  l  e
```

 ax

 ant

2
+ 2
4
add

 ape

apple

 acorn

Straight "A"s

All of the words below have the long **a** sound, but it is spelled differently each time. Write the words from the Word Box in the spaces. Then, circle the words in the puzzle. They may go across, down, or backward.

Word Box
- weigh
- game
- obey
- maid
- maybe
- gray
- paper
- great

What Begins with B?

Directions: Find and circle the words in the puzzle.

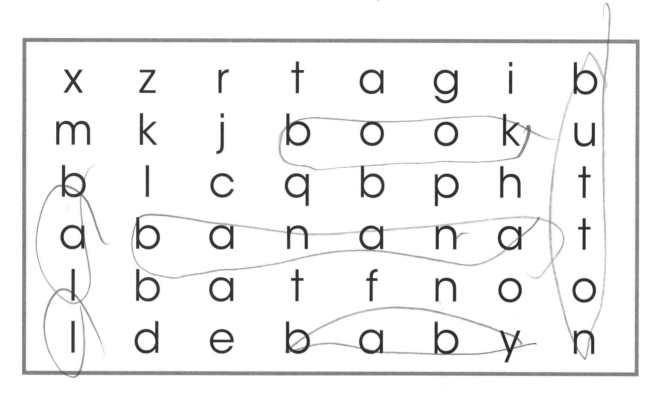

```
x  z  r  t  a  g  i  b
m  k  j  b  o  o  k  u
b  l  c  q  b  p  h  t
a  b  a  n  a  n  a  t
l  l  b  a  t  f  n  o  o
l  d  e  b  a  b  y  n
```

bat

ball

baby

book

banana

button

What Begins with C?

Directions: Find and circle the words in the puzzle.

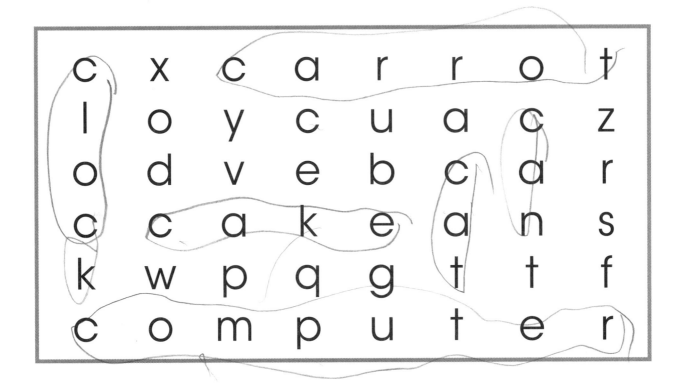

c	x	c	a	r	r	o	t
l	o	y	c	u	a	c	z
o	d	v	e	b	c	a	r
c	c	a	k	e	a	n	s
k	w	p	q	g	t	t	f
c	o	m	p	u	t	e	r

can

cat

cake

clock

carrot

computer

"C" Here

All of the words below have the soft or hard **c** sound. Write the words from the Word Box in the spaces. Then, circle the words in the puzzle. They may go across, down, or diagonally.

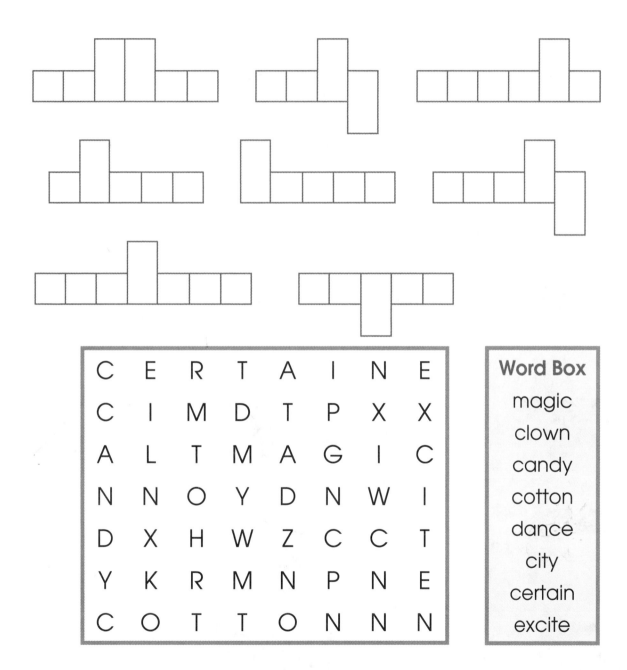

C	E	R	T	A	I	N	E
C	I	M	D	T	P	X	X
A	L	T	M	A	G	I	C
N	N	O	Y	D	N	W	I
D	X	H	W	Z	C	C	T
Y	K	R	M	N	P	N	E
C	O	T	T	O	N	N	N

Word Box

magic
clown
candy
cotton
dance
city
certain
excite

What Begins with D?

Directions: Find and circle the words in the puzzle.

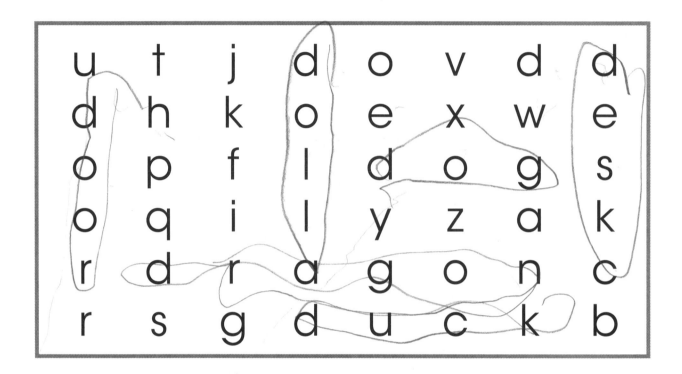

u	t	j	d	o	v	d	d
d	h	k	o	e	x	w	e
o	p	f	l	d	o	g	s
o	q	i	l	y	z	a	k
r	d	r	a	g	o	n	c
r	s	g	d	u	c	k	b

dog

duck

desk

door

doll

dragon

What Begins with E?

Directions: Find and circle the words in the puzzle.

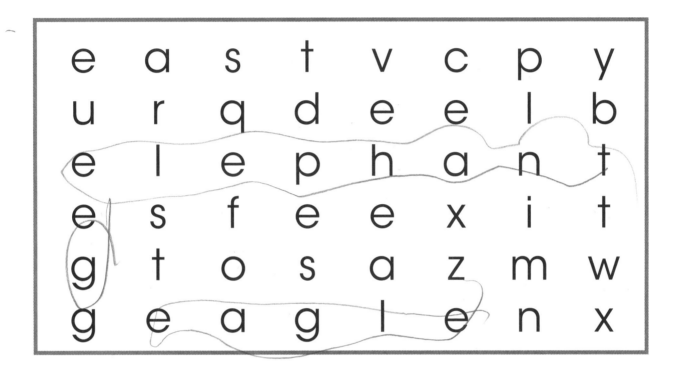

```
e  a  s  t  v  c  p  y
u  r  q  d  e  e  l  b
e  l  e  p  h  a  n  t
e  s  f  e  e  x  i  t
g  t  o  s  a  z  m  w
g  e  a  g  l  e  n  x
```

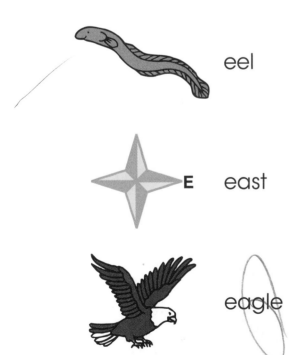 eel

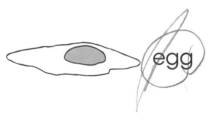 egg

east

 exit

eagle

elephant

Rhyming with "E"

Directions: Circle the words. The words go → and ↓.

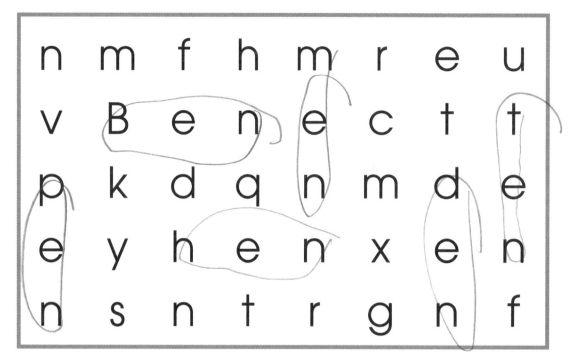

n	m	f	h	m	r	e	u
v	B	e	n	e	c	t	t
p	k	d	q	n	m	d	e
e	y	h	e	n	x	e	n
n	s	n	t	r	g	n	f

Ben

pen

men

hen

den

ten

What Begins with F?

Directions: Find and circle the words in the puzzle.

f	h	g	f	i	r	e	t
l	x	y	v	j	i	s	u
o	f	e	a	t	h	e	r
w	f	w	r	k	l	m	q
e	a	z	f	o	o	t	p
r	n	f	i	s	h	n	o

 fan

 fire

 fish

 foot

 feather

 flower

What Begins with G?

Directions: Find and circle the words in the puzzle.

```
v  q  g  a  t  e  w  j
o  g  p  g  y  x  g  f
g  i  n  l  g  o  a  t
a  f  u  o  i  h  e  m
s  t  b  b  g  a  m  e
c  t  z  e  a  d  l  k
```

 gas

 gate

 game

 gift

 goat

 globe

"G" Whiz!

All of the words below have either the soft or hard **g** sound. Write the words from the Word Box in the spaces. Then, circle the words in the puzzle. They may go across, down, or backward.

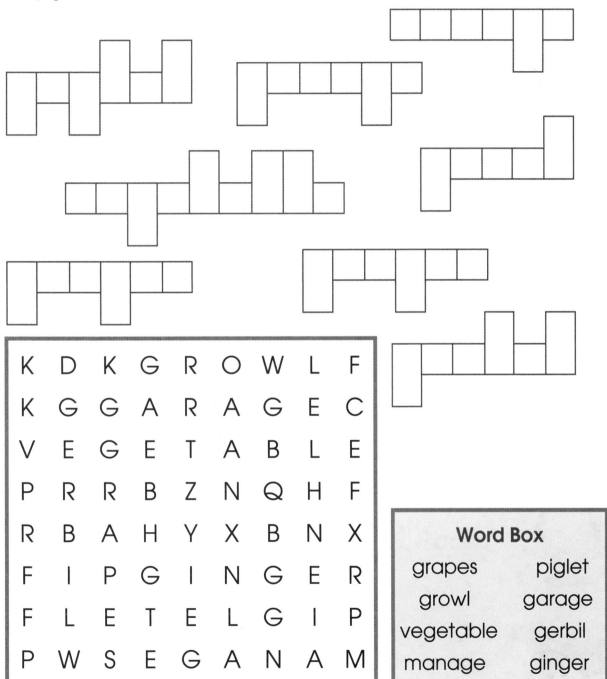

K	D	K	G	R	O	W	L	F
K	G	G	A	R	A	G	E	C
V	E	G	E	T	A	B	L	E
P	R	R	B	Z	N	Q	H	F
R	B	A	H	Y	X	B	N	X
F	I	P	G	I	N	G	E	R
F	L	E	T	E	L	G	I	P
P	W	S	E	G	A	N	A	M

Word Box

grapes   piglet

growl   garage

vegetable   gerbil

manage   ginger

What Begins with H?

Directions: Find and circle the words in the puzzle.

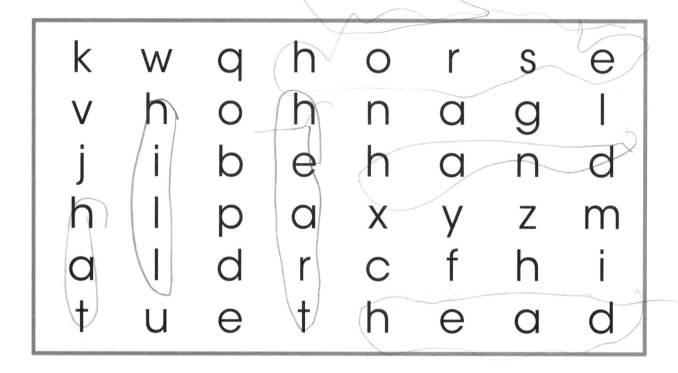

```
k  w  q  h  o  r  s  e
v  h  o  h  n  a  g  l
j  i  b  e  h  a  n  d
h  l  p  a  x  y  z  m
a  l  d  r  c  f  h  i
t  u  e  t  h  e  a  d
```

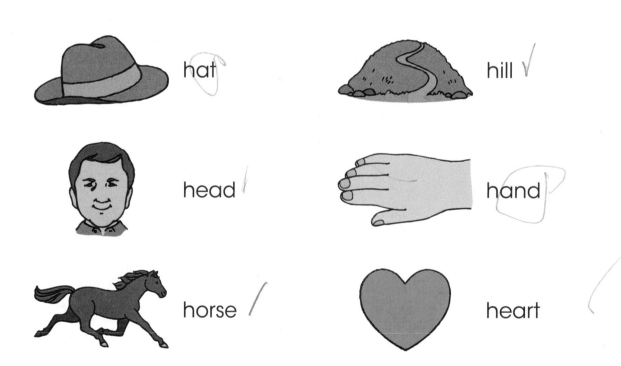

hat

hill ✓

head ✓

hand

horse ✓

heart

What Begins with I?

Directions: Find and circle the words in the puzzle.

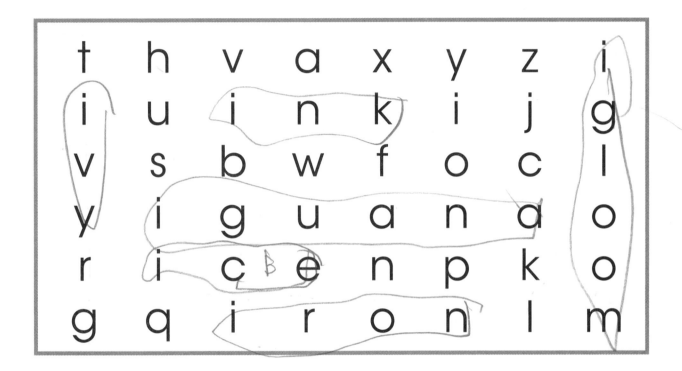

t h v a x y z i
i u i n k i j g
v s b w f o c l
y i g u a n a o
r i c e n p k o
g q i r o n l m

ice

ink

ivy

iron

igloo

iguana

Time for G, H, and I

Directions: Find and circle the words in the puzzle. The words go → and ↓.

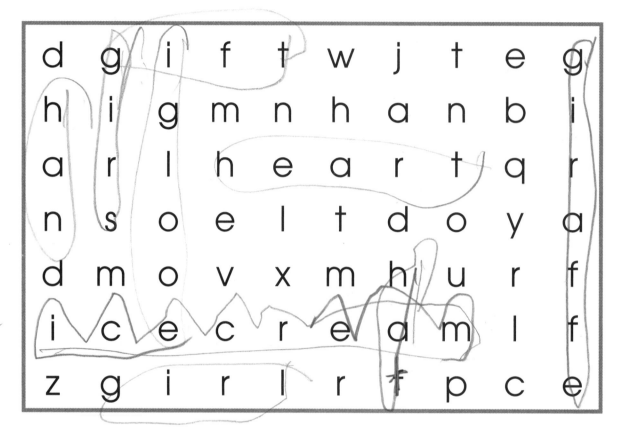

d	g	i	f	t	w	j	t	e	g
h	i	g	m	n	h	a	n	b	i
a	r	l	h	e	a	r	t	q	r
n	s	o	e	l	t	d	o	y	a
d	m	o	v	x	m	h	u	r	f
i	c	e	c	r	e	a	m	l	f
z	g	i	r	l	r	f	p	c	e

giraffe ✓   igloo ✓

ice cream ✓   girl

heart   hat ✓

hand ✓   gift ✓

What Begins with J?

Directions: Find and circle the words in the puzzle.

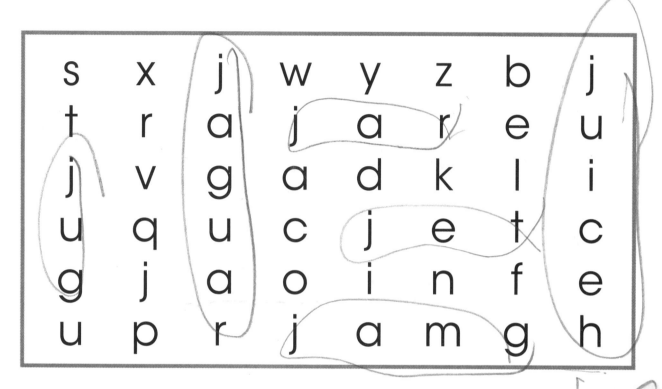

s	x	j	w	y	z	b	j
t	r	a	j	a	r	e	u
j	v	g	a	d	k	l	i
u	q	u	c	j	e	t	c
g	j	a	o	i	n	f	e
u	p	r	j	a	m	g	h

jam

jet

jar

jug

juice

jaguar

What Begins with K?

Directions: Find and circle the words in the puzzle.

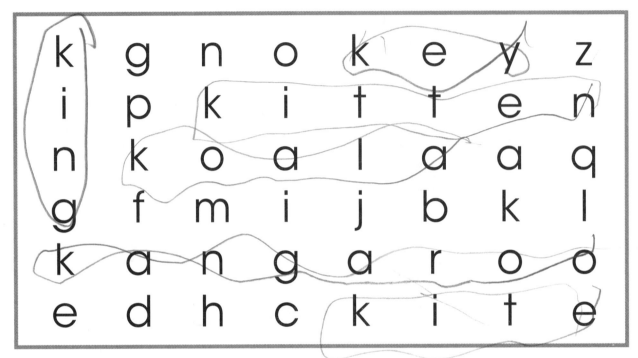

k	g	n	o	k	e	y	z
i	p	k	i	t	t	e	n
n	k	o	a	l	a	a	q
g	f	m	i	j	b	k	l
k	a	n	g	a	r	o	o
e	d	h	c	k	i	t	e

key

kite

king ✓

koala

kitten

kangaroo

What Begins with L?

Directions: Find and circle the words in the puzzle.

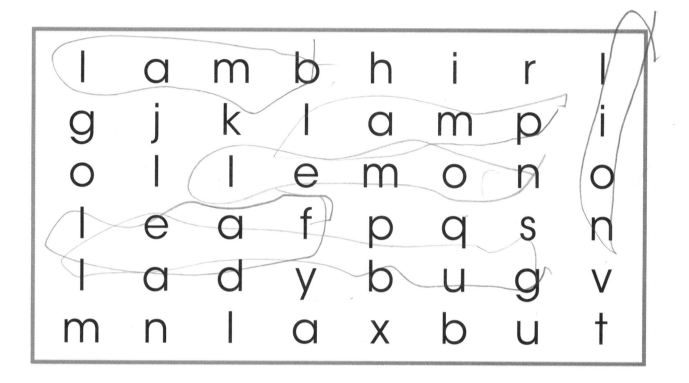

l a m b h i r l
g j k l a m p i
o l l e m o n o
l e a f p q s n
l a d y b u g v
m n l a x b u t

leaf

lamp

lion

lamb

lemon

ladybug

Name_____

What Begins with M?

Directions: Find and circle the words in the puzzle.

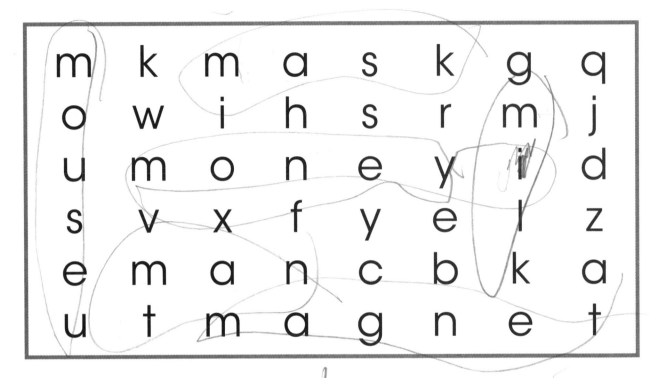

m	k	m	a	s	k	g	q
o	w	i	h	s	r	m	j
u	m	o	n	e	y	r	d
s	v	x	f	y	e	l	z
e	m	a	n	c	b	k	a
u	t	m	a	g	n	e	t

man

mask

milk

mouse

money

magnet

What Begins with N?

Directions: Find and circle the words in the puzzle.

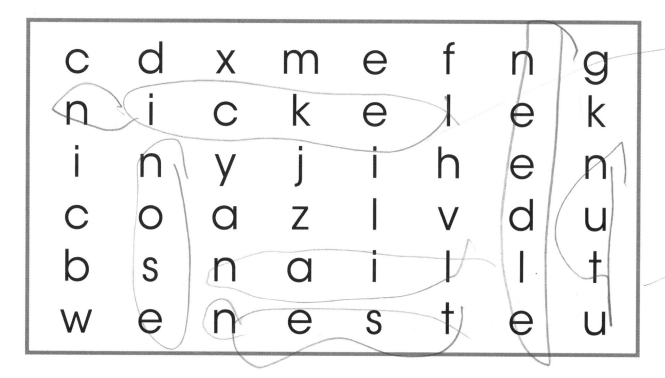

c	d	x	m	e	m	e	f	n	g
n	i	c	k	e	l	e	k
i	n	y	j	i	h	e	n
c	o	a	z	l	v	d	u
b	s	n	a	i	l	l	t
w	e	n	e	s	t	e	u

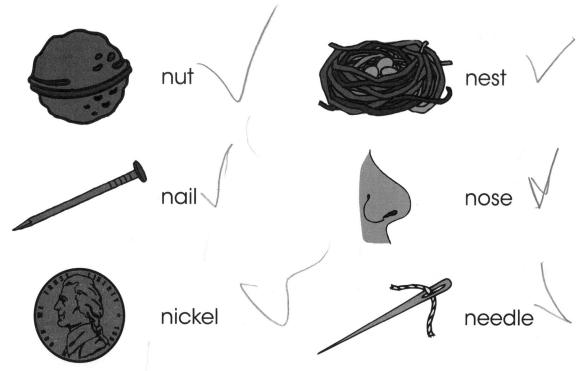

nut

nest

nail

nose

nickel

needle

What Begins with O?

Directions: Find and circle the words in the puzzle.

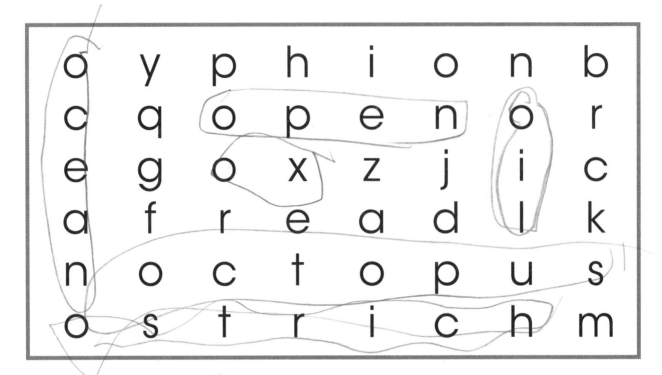

```
o   y   p   h   i   o   n   b
c   q   o   p   e   n   o   r
e   g   o   x   z   j   i   c
a   f   r   e   a   d   l   k
n   o   c   t   o   p   u   s
o   s   t   r   i   c   h   m
```

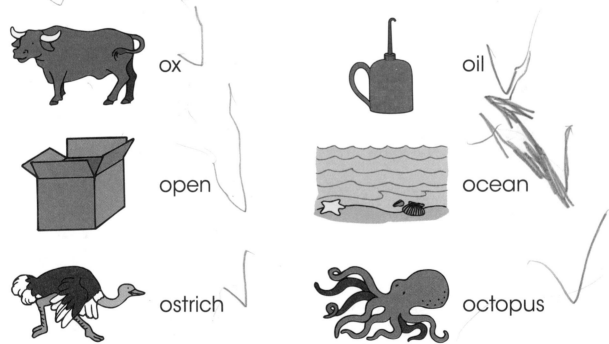

ox

oil

open

ocean

ostrich

octopus

Search for "O"

Directions: Circle the words. The words go → and ↓.

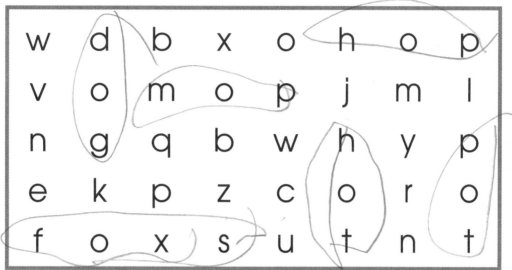

hop

fox

hot

mop

dog

pot

What Begins with P?

Directions: Find and circle the words in the puzzle.

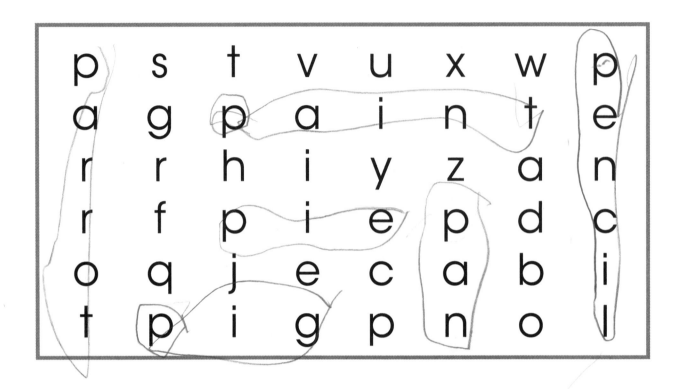

p	s	t	v	u	x	w	p
a	g	p	a	i	n	t	e
r	r	h	i	y	z	a	n
r	f	p	i	e	p	d	c
o	q	j	e	c	a	b	i
t	p	i	g	p	n	o	l

pan

pig

pie

paint

pencil

parrot

What Begins with Q?

Directions: Find and circle the words in the puzzle.

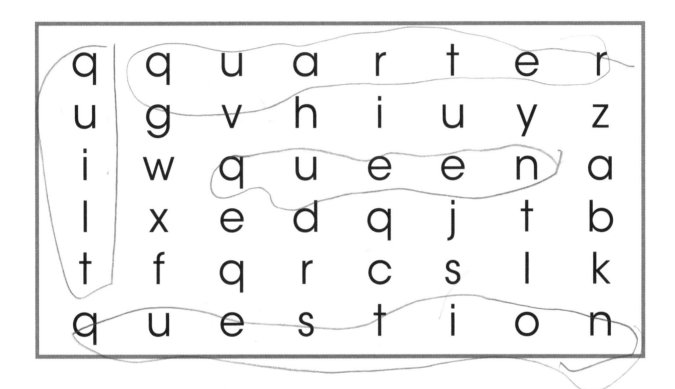

q q u a r t e r r
u g v h i u y z
i w q u e e n a
l x e d q j t b
t f q r c s l k
q u e s t i o n

 queen ✓

 quilt

 quarter

 question ✓

What Begins with R?

Directions: Find and circle the words in the puzzle.

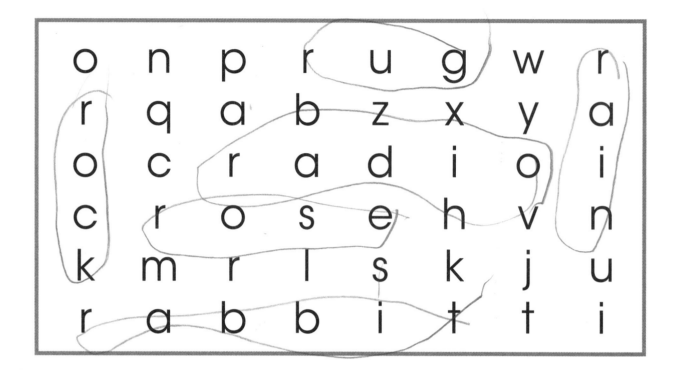

o	n	p	r	u	g	w	r
r	q	a	b	z	x	y	a
o	c	r	a	d	i	o	i
c	r	o	s	e	h	v	n
k	m	r	l	s	k	j	u
r	a	b	b	i	t	t	i

rug

rose

rain

rock

radio

rabbit

What Begins with S?

Directions: Find and circle the words in the puzzle.

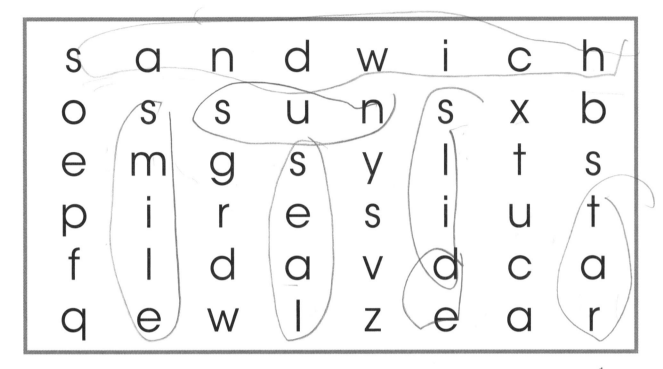

s	a	n	d	w	i	c	h
o	s	s	u	n	s	x	b
e	m	g	s	y	l	t	s
p	i	r	e	s	i	u	t
f	l	d	a	v	d	c	a
q	e	w	l	z	e	a	r

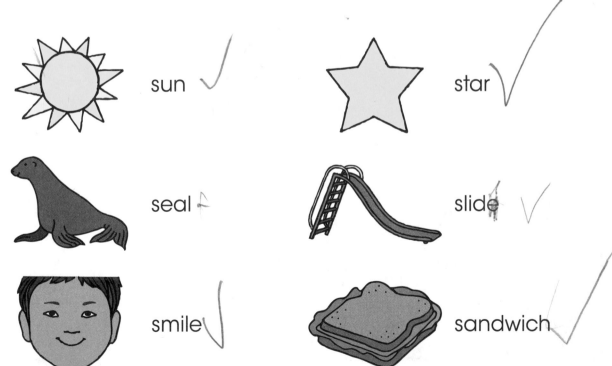

sun ✓   star ✓

seal ✓   slide ✓

smile ✓   sandwich

S is for Sea

Directions: Fill in the blanks with s, sl, sm, sn, or st. Then, find and circle the words in the puzzle.

1. 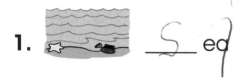 S ea

2. Sn ow

3. Sm ile

4. St ar

5.  Sm ail

6. Sl ide

7. Sm oke

8. St op

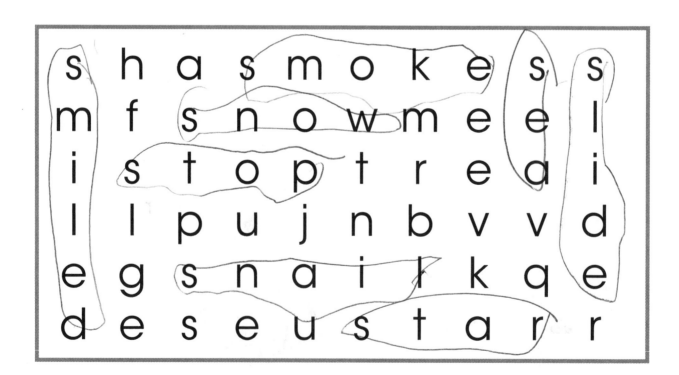

What Begins with T?

Directions: Find and circle the words in the puzzle.

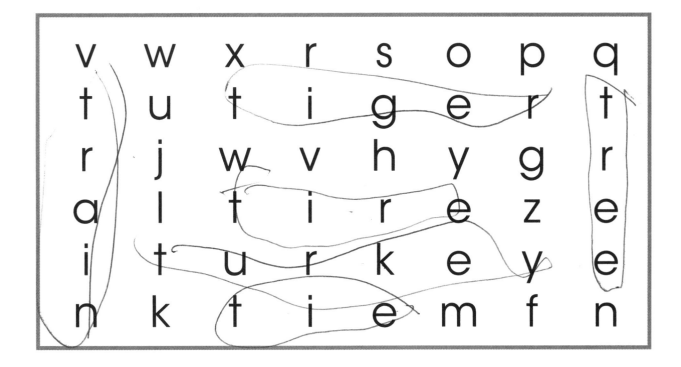

v	w	x	r	s	o	p	q
t	u	t	i	g	e	r	t
r	j	w	v	h	y	g	r
a	l	t	i	r	e	z	e
i	t	u	r	k	e	y	e
n	k	t	i	e	m	f	n

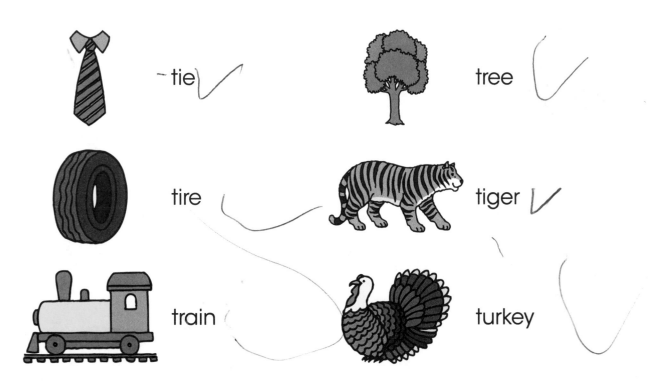

tie ✓

tree ✓

tire

tiger ✓

train

turkey

What Begins with U?

Directions: Find and circle the words in the puzzle.

u	n	i	c	o	r	n	u
u	q	z	y	x	q	w	v
p	u	n	h	a	p	p	y
u	n	i	c	y	c	l	e
u	n	d	e	r	r	s	t
u	m	b	r	e	l	l	a

↑ up

under

unicorn

unhappy

unicycle

umbrella

"U" Hunt

Directions: Circle the words. The words go → and ↓.

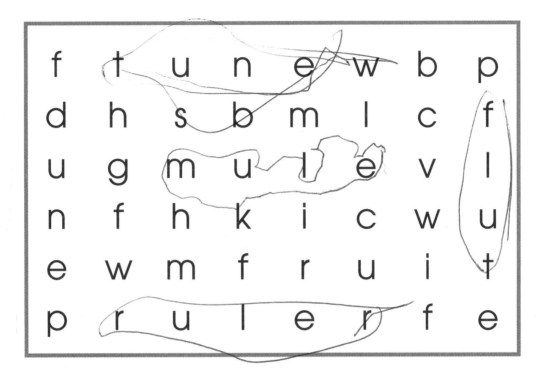

f	t	u	n	e	w	b	p
d	h	s	b	m	l	c	f
u	g	m	u	l	e	v	l
n	f	h	k	i	c	w	u
e	w	m	f	r	u	i	t
p	r	u	l	e	r	f	e

mule

dune

tune ✓

flute

ruler ✓

fruit

What Begins with V?

Directions: Find and circle the words in the puzzle.

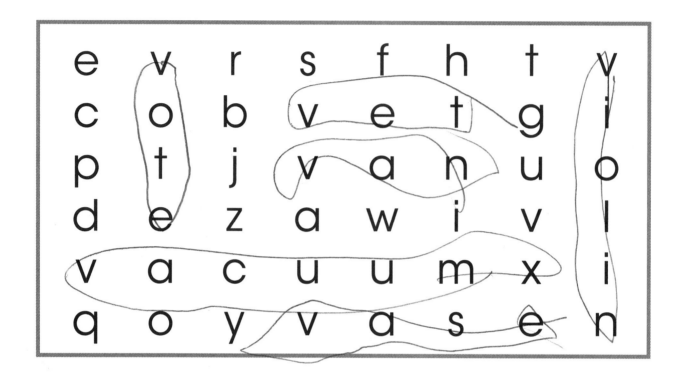

```
e   v   r   s   f   h   t   v
c   o   b   v   e   t   g   i
p   t   j   v   a   n   u   o
d   e   z   a   w   i   v   l
v   a   c   u   u   m   x   i
q   o   y   v   a   s   e   n
```

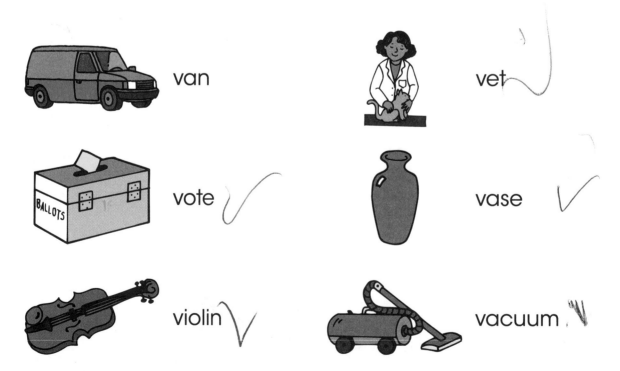

van

vet

vote

vase

violin

vacuum

What Begins with W?

Directions: Find and circle the words in the puzzle.

```
w  k  x  u  w  n  q  r
a  w  w  a  t  e  r  w
g  o  i  j  v  t  s  a
o  r  w  a  t  c  h  v
n  m  g  l  p  m  o  e
h  w  i  n  d  o  w  f
```

 wave

 worm

 watch

 water

 wagon

 window

What Begins with X and Y?

Directions: Find and circle the words in the puzzle.

g	h	y	a	c	h	t	i
y	o	-	y	o	r	y	q
a	p	d	m	l	k	a	j
r	x	-	r	a	y	k	v
n	o	c	n	t	s	u	z
f	b	y	a	r	d	w	a

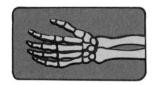 x-ray

 yak

 yard

 yarn

 yo-yo

 yacht

What Begins with Z?

Directions: Find and circle the words in the puzzle.

z	a	p	l	k	r	s	g
i	b	m	z	e	b	r	a
p	z	o	o	c	d	f	t
p	q	j	x	w	e	v	u
e	z	i	g	z	a	g	h
r	z	y	i	z	e	r	o

 zero

 zoo

 zebra

 zigzag

 zipper

Words with Long A

Directions: Find and circle the words in the puzzle.

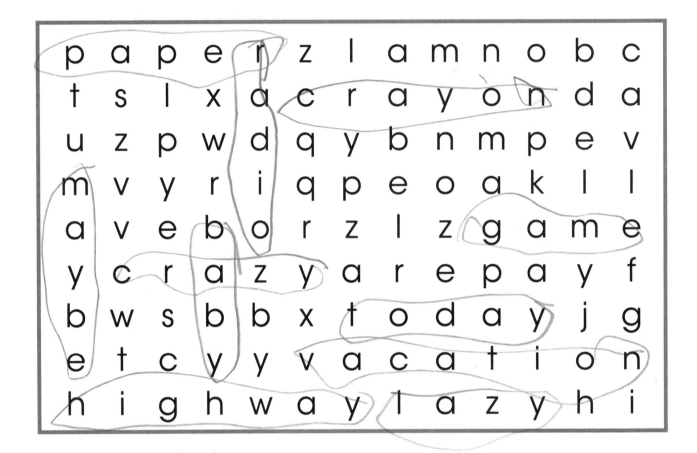

```
p a p e r z l a m n o b c
t s l x a c r a y o n d a
u z p w d q y b n m p e v
m v y r i q p e o a k l l
a v e b o r z l z g a m e
y c r a z y a r e p a y f
b w s b b x t o d a y j g
e t c y y v a c a t i o n
h i g h w a y l a z y h i
```

paper ✓   crayon ✓
radio ✓   maybe ✓
crazy ✓   today ✓
baby ✓   game ✓
lazy ✓   highway ✓
vacation   repay

Words with Long E

Directions: Find and circle the words in the puzzle.

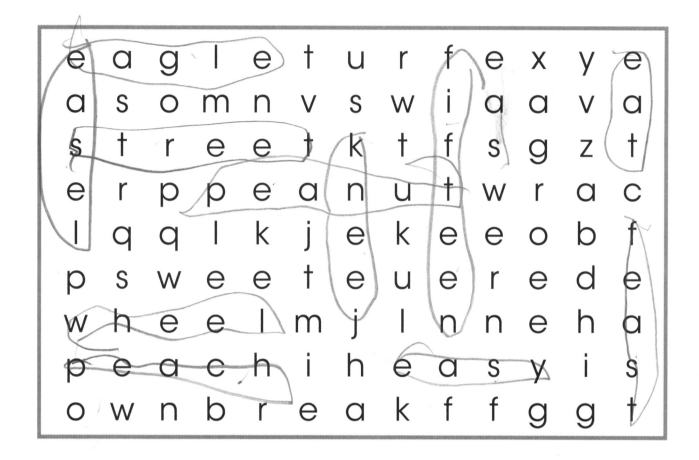

```
e a g l e t u r f e x y e
a s o m n v s w i a a v a
s t r e e t k t f s g z t
e r p p e a n u t w r a c
l q q l k j e k e e o b f
p s w e e t e u e r e d e
w h e e l m j l n n e h a
p e a c h i h e a s y i s
o w n b r e a k f f g g t
```

eat	sweet	easy
eagle	feast	fifteen
easel	peach	wheel
peanut	street	knee

Words with Long I

Directions: Find and circle the words in the puzzle.

```
t  r  i  a  n  g  l  e  o  p  q  z  y
g  f  q  r  m  n  t  n  i  n  e  t  r
g  h  p  b  o  s  l  i  o  n  a  i  i
i  f  n  i  d  e  a  u  s  r  b  n  m
a  i  l  c  l  k  m  a  t  e  e  y  e
n  v  k  y  m  p  i  l  x  t  t  u  x
t  e  l  c  s  p  i  d  e  r  d  v  c
i  j  k  l  i  j  f  q  u  i  e  t  w
s  i  l  e  n  t  g  h  w  r  i  t  e
```

idea	giant
bicycle	lion
tiny	spider
silent	nine
quiet	five
triangle	write

Name_____

Words with Long O

Directions: Find and circle the words in the puzzle.

```
p v j b r o f e n f k g h
o w u b t r s i o h j l e
e a l o n e q z e r o g r
m x z a p i a n o n m l o
k y p h o n e p o f e o i
e c h o r h o m e g h b d
l p o s g o k e t c y e x
o p e n q s v o l r a n v
m n o c e a n b u z v a w
```

open	zero	home
ocean	piano	globe
poem	hero	alone
no	echo	phone

Words with Long U

Directions: Find and circle the words in the puzzle.

```
u  s  u  a  l  z  e  p  h  f  g  j  u
t  u  s  r  d  q  v  o  u  l  p  h  n
f  u  e  l  a  p  a  k  m  l  u  k  i
u  n  b  v  c  r  l  n  a  m  p  m  f
t  i  w  m  e  n  u  j  n  h  i  u  o
u  q  y  z  a  y  e  g  i  i  l  s  r
r  u  x  d  b  f  b  u  z  l  e  e  m
e  e  c  u  n  i  v  e  r  s  e  u  n
u  f  i  t  e  m  u  s  i  c  m  m  o
```

uniform   music   menu
usual   fuel   universe
future   pupil   value
human   unique   museum

Words with ch

Directions: Find and circle the words in the puzzle.

```
t e a c h e r d r i v h i
r w s a w v c a t c h e w
p h t m u c h b c i g f a
i i b t t u c h s n g e t
t c r s o r h k j c h a c
c h e v u p i o i h n c h
h q n w c r e s t m j h a
e u c o h q f k c h e s t
r p h c h i l d r e n m y
```

chief	each
children	much
chest	catch
pitcher	touch
teacher	inch
which	watch

For "ph"un!

All of the words below have the **f** sound. The **f** sound may be spelled with **gh** or **ph**. Write the words from the Word Box in the spaces. Then, circle the words in the puzzle. They may go across or down.

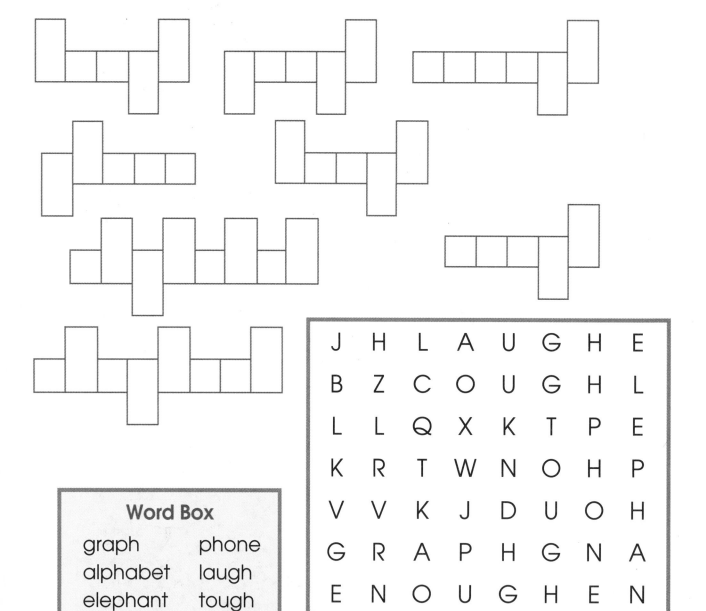

Word Box

graph	phone
alphabet	laugh
elephant	tough
cough	enough

```
J  H  L  A  U  G  H  E
B  Z  C  O  U  G  H  L
L  L  Q  X  K  T  P  E
K  R  T  W  N  O  H  P
V  V  K  J  D  U  O  H
G  R  A  P  H  G  N  A
E  N  O  U  G  H  E  N
A  L  P  H  A  B  E  T
```

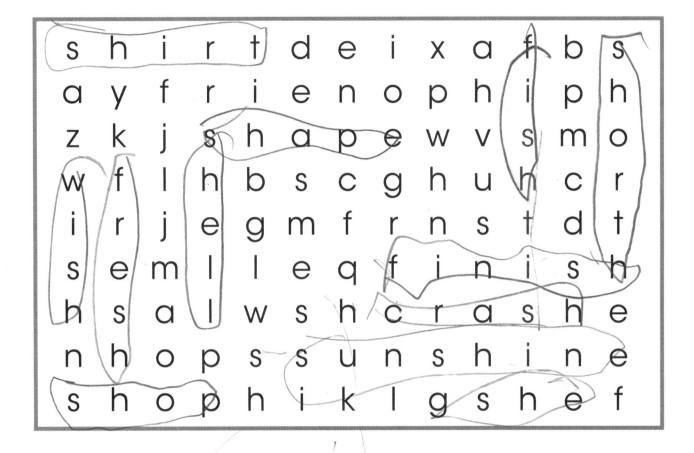

Words with sh

Directions: Find and circle the words in the puzzle.

```
s  h  i  r  t  d  e  i  x  a  f  b  s
a  y  f  r  i  e  n  o  p  h  i  p  h
z  k  j  s  h  a  p  e  w  v  s  m  o
w  f  l  h  b  s  c  g  h  u  h  c  r
i  i  r  j  e  g  m  f  r  n  s  t  d  t
s  e  m  l  l  e  q  f  i  n  i  s  h
h  s  a  l  w  s  h  c  r  a  s  h  e
n  h  o  p  s  s  u  n  s  h  i  n  e
s  h  o  p  h  i  k  l  g  s  h  e  f
```

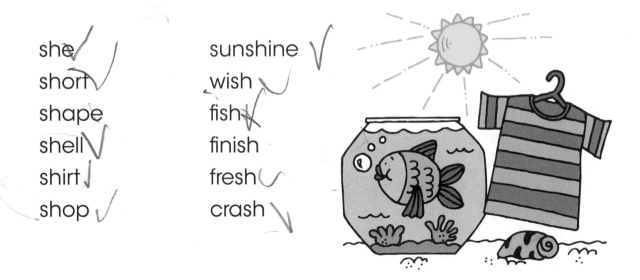

she ✓
short ✓
shape
shell ✓
shirt ✓
shop ✓

sunshine ✓
wish ✓
fish ✓
finish
fresh ✓
crash ✓

Words with th

Directions: Find and circle the words in the puzzle.

```
a s t h a t d t o o t h r
y m h c w e a t h e r t h
l x e b e i m h e r j h o
e z y b r o t h e r k o t
a s m o o t h e l f v s h
t f a t h e r m g u h g m
h w a n m o t h e r i h b
e p o r t c l o t h i n g
r q t h e r e t h u m b s
```

that	brother
they	clothing
there	weather
thumb	leather
mother	smooth
father	tooth

Words with wh

Directions: Find and circle the words in the puzzle.

```
w  b  a  w  h  i  l  e  z  w  y  v  x
h  w  o  h  a  w  h  o  t  s  e  r  w
y  h  f  s  w  h  a  l  e  e  s  v  w
c  e  p  a  g  i  j  l  t  r  u  w  h
d  e  e  t  i  c  k  w  h  e  n  q  i
q  l  u  h  w  h  i  t  e  p  o  r  s
r  e  v  e  r  r  w  h  e  r  e  n  t
w  h  i  s  p  e  r  x  w  h  i  p  l
s  t  m  m  e  a  n  w  h  i  l  e  e
```

which   why   meanwhile

where   whisper   whip

white   whistle   wheel

whale   awhile   when

Search Outside

Directions: Circle the words. The words go → and ↓.

r	d	s	c	a	p	s	c
a	k	v	l	g	a	c	g
n	s	a	a	f	b	m	n
t	m	n	e	b	a	m	c
f	e	i	v	e	t	f	a
r	a	t	w	r	k	r	t

 bat

 van

 cat

 rat

 ant

 cap

Search Inside

Directions: Circle the words. The words go → and ↓.

p	a	n	h	e	t	u	c
c	f	d	m	h	c	f	h
m	b	d	a	t	a	j	a
a	e	b	t	x	n	e	t
p	c	y	v	j	t	c	i
s	k	b	a	g	n	g	v

 pan

 hat

 bag

 can

 mat

 map

Look Hard

Directions: Circle the words. The words go → and ↓.

w	h	r	c	o	r	i	v
e	g	t	m	n	e	h	o
t	v	e	p	s	d	k	p
u	a	n	r	b	e	d	e
s	g	t	n	e	t	s	t

 bed

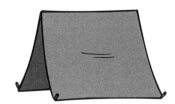 tent

 wet

 pet

 red

 net

I See Words

Directions: Circle the words. The words go → and ↓.

v	p	i	g	f	v	f	p
d	h	m	x	e	y	i	k
i	v	s	i	t	w	n	i
g	r	j	r	d	g	s	n
l	o	r	p	i	n	x	g

 pig

 dig

 sit

 fin

 pin

 king

Super Search

Directions: Circle the words. The words go → and ↓.

p	m	p	w	t	p	h	y
o	g	r	o	c	k	o	f
n	u	l	v	s	t	g	r
d	z	t	o	p	z	r	o
k	l	d	c	y	l	w	g
a	c	b	o	x	f	t	e

 top

 rock

 hog

 frog

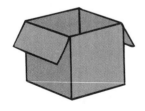 box

 pond

Go Hunting

Directions: Circle the words. The words go → and ↓.

b	a	p	y	a	j	u	g
u	q	b	s	u	n	l	q
g	k	h	k	j	t	a	k
w	d	p	u	p	x	c	d
e	n	e	n	g	e	u	n
z	c	u	p	f	d	t	c

 bug

 cut

 sun

 pup

 jug

 cup

Hide and Seek

Directions: Circle the words. The words go → and ↓.

m	d	u	c	k	r	m	d
e	g	f	r	o	u	i	j
b	u	n	u	l	g	b	u
w	w	p	d	n	s	v	m
s	r	d	g	u	x	r	p
g	h	u	t	t	n	k	x

 nut

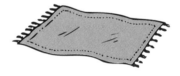 rug

 duck

 bun

 jump

 hut

Where Are They?

Directions: Circle the words. The words go → and ↓.

s	e	g	c	u	a	p	e
c	h	a	b	c	w	c	g
g	b	t	x	a	d	l	h
a	n	e	l	v	f	r	a
m	x	h	z	e	y	t	y
e	l	c	a	k	e	g	l

 hay

 cave

 ape

 gate

 cake

 game

Hunting for Words

Directions: Circle the words. The words go → and ↓.

s	n	a	k	e	d	x	v
n	g	j	n	a	i	l	t
g	e	p	a	i	l	n	a
b	h	n	k	g	c	q	i
v	k	r	q	j	a	y	l
r	a	k	e	r	f	p	h

 tail

 jay

 rake

 nail

 pail

 snake

Word Hunt

Directions: Circle the words. The words go → and ↓.

k	j	e	e	p	u	m	s
f	e	c	d	v	n	y	e
p	r	n	e	c	a	w	e
o	n	f	e	e	t	p	l
l	m	r	r	c	b	e	e
t	r	e	e	v	d	x	j

 bee

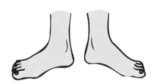 feet

 see

 deer

 tree

 jeep

Find Them

Directions: Circle the words. The words go → and ↓.

h	g	h	d	i	m	e	f
p	t	i	e	b	s	f	m
i	b	k	h	i	q	n	x
e	s	a	r	k	i	t	e
b	c	i	f	e	e	z	v
m	o	f	i	v	e	s	a

 pie

 dime

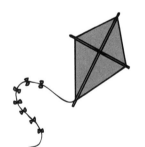 kite

 tie

 bike

 five

I Spy

Directions: Circle the words. The words go → and ↓.

l	b	d	c	s	m	a	l
v	h	i	v	e	m	s	i
i	s	v	o	n	r	p	m
n	v	e	n	i	n	e	e
e	t	g	o	v	p	f	r
s	b	i	t	e	w	b	t

 hive

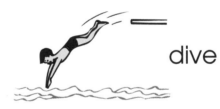 dive

 lime

 nine

 vine

 bite

Word Finder

Directions: Circle the words. The words go → and ↓.

g	p	t	h	o	e	k	y
o	j	t	m	r	l	b	g
a	v	o	x	o	d	s	m
t	z	e	f	p	v	p	o
f	l	c	k	e	t	d	w
e	w	h	s	o	a	p	r

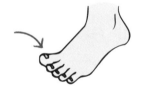 toe

 rope

 goat

 hoe

 mow

 soap

Name_____

I See Them!

Directions: Circle the words. The words go → and ↓.

f	e	h	m	b	o	n	e
t	t	o	a	s	t	g	c
n	g	s	c	m	j	s	d
o	p	e	o	b	o	a	t
s	u	g	n	p	d	o	k
e	c	m	e	u	e	r	a

 bone

 boat

 hose

 nose

 cone

 toast

Perfect Pets

Directions: Circle the words. The words go → and ↓.

```
v  f  i  s  h  d  o  g
f  v  t  c  d  n  h  t
r  g  y  a  b  i  r  d
o  u  s  t  z  m  x  i
g  i  o  k  o  h  f  s
b  h  a  m  s  t  e  r
```

 cat

 frog

 dog

 fish

 bird

 hamster

Let's Play!

Directions: Circle the words. The words go → and ↓.

r	t	m	p	s	w	i	m
i	n	j	x	m	c	g	h
d	e	u	l	k	i	c	k
e	r	m	t	o	s	h	s
p	x	p	s	l	i	d	e
v	r	u	n	q	o	r	v

 swim

 run

 kick

 slide

 jump

 ride

Name_____

Beach Fun

Directions: Circle the words. The words go → and ↓.

```
f  c  p  a  i  l  m  o
t  w  f  l  h  o  b  f
k  a  m  g  w  f  e  s
a  v  b  e  h  d  a  h
b  e  l  r  a  n  c  e
t  s  y  p  l  k  h  l
c  r  a  b  e  c  g  l
```

 beach

 pail

 waves

 crab

 shell

 whale

School is Great!

Directions: Circle the words. The words go → and ↓.

p	e	n	c	i	l	o	p
d	r	h	m	p	r	k	a
e	b	o	o	k	t	w	p
s	m	r	o	f	b	p	e
k	i	u	v	q	x	t	r
t	e	a	c	h	e	r	l
v	c	r	a	y	o	n	m

 crayon

 paper

 pencil

 desk

 book

 teacher

Baby Animals

Directions: Circle the words. The words go → and ↓.

```
g  p  u  p  p  y  n  c
c  e  o  j  y  d  f  i
h  l  f  x  l  a  m  b
i  r  a  j  t  w  p  k
c  b  w  c  a  l  f  a
k  z  n  v  d  v  h  p
q  m  k  i  t  t  e  n
```

 puppy

 calf

 kitten

 fawn

 chick

 lamb

Fantastic Fruit

Directions: Circle the words. The words go → and ↓.

e	g	r	a	p	e	s	o
k	o	i	d	y	j	b	r
b	a	n	a	n	a	z	a
p	r	l	f	g	x	p	n
v	p	e	a	c	h	l	g
d	s	q	m	t	n	u	e
a	p	p	l	e	w	m	h

 apple

 banana

 orange

 plum

 peach

 grapes

Fun Foods

Directions: Circle the words. The words go → and ↓.

d	c	a	k	e	q	i	a
e	p	o	p	c	o	r	n
c	j	t	g	s	o	f	l
h	c	c	o	o	k	i	e
i	g	p	v	n	x	m	c
p	u	y	c	a	n	d	y
s	m	b	n	z	k	h	w

 candy  popcorn

 cake  gum

 cookie  chips

Clothes I Wear

Directions: Circle the words. The words go → and ↓.

a	s	j	s	o	c	k	s
l	h	p	h	t	e	j	c
p	o	z	i	m	n	a	t
a	e	s	r	f	v	c	r
n	s	x	t	y	q	k	l
t	g	d	w	k	i	e	b
s	o	s	h	o	r	t	s

 shirt

 socks

 shoes

 pants

 shorts

 jacket

Around the House

Directions: Circle the words. The words go → and ↓.

```
e  t  k  c  h  a  i  r
n  a  q  w  d  t  o  a
b  b  s  g  p  l  b  f
e  l  p  i  l  l  o  w
d  e  z  u  g  y  v  i
m  h  i  b  d  e  s  k
t  o  y  s  p  j  m  c
```

 bed

 chair

 table

 pillow

 desk

 toys

Circus Fun

Directions: Circle the words. The words go → and ↓.

c	k	a	t	h	s	c	l
l	n	c	i	l	e	o	i
o	e	p	g	u	a	f	o
w	g	y	e	h	l	j	n
n	a	c	r	o	b	a	t
b	q	v	b	i	w	m	d
e	l	e	p	h	a	n	t

 seal

 clown

 lion

 acrobat

 elephant

 tiger

Plants We Eat

Directions: Circle the words. The words go → and ↓.

```
k  p  u  m  p  k  i  n  l
c  i  f  n  u  c  l  a  e
e  f  s  c  a  r  r  o  t
l  y  b  r  g  d  q  d  t
e  m  p  c  o  r  n  w  u
r  o  v  z  m  v  j  h  c
y  e  b  e  a  n  s  r  e
```

 carrot

 corn

 lettuce

 pumpkin

 celery

 beans

Near and Far

Directions: Circle the words. The words go → and ↓.

b	s	r	i	o	u	e	z	c
w	l	m	d	a	r	k	h	o
f	o	t	s	l	p	q	m	l
j	w	d	w	l	y	o	v	d
p	t	y	h	a	p	p	y	c
t	r	n	t	k	k	g	d	i
d	i	r	t	y	c	o	u	t

Opposite of **hot**

Opposite of **fast**

Opposite of **light**

Opposite of **in**

Opposite of **clean**

Opposite of **sad**

Word Box

slow

out

happy

cold

dirty

dark

Laugh and Cry

Directions: Circle the words. The words go → and ↓.

p	n	h	p	n	d	j	f	a
l	d	a	y	d	o	r	o	z
s	w	b	l	t	w	b	u	f
m	y	s	d	g	n	o	n	a
a	v	f	c	w	q	l	d	k
l	h	b	a	d	s	n	u	d
l	c	o	e	y	i	o	f	f

Opposite of **good**

Opposite of **big**

Opposite of **up**

Opposite of **on**

Opposite of **lost**

Opposite of **night**

Word Box

down

day

bad

small

found

Up and Down

Directions: Circle the words. The words go → and ↓.

d	m	r	g	f	t	q	u	b
s	h	o	r	t	u	f	n	l
g	c	r	t	y	c	s	d	i
r	k	f	a	r	c	m	e	r
i	p	h	s	z	v	n	r	j
c	e	r	i	g	h	t	n	e
h	x	w	h	u	r	c	r	y

Opposite of **laugh**

Opposite of **left**

Opposite of **tall**

Opposite of **near**

Opposite of **poor**

Opposite of **over**

Word Box

short

far

under

cry

rich

right

Tall and Short

Directions: Circle the words. The words go → and ↓.

e	p	t	f	t	g	r	i	a
k	w	f	s	a	v	n	e	w
c	g	o	w	k	n	z	v	f
l	t	r	i	e	w	r	o	l
o	y	g	q	x	p	l	a	y
s	m	e	h	y	c	j	p	d
e	b	t	y	s	o	f	t	s

Opposite of **open**

Opposite of **work**

Opposite of **old**

Opposite of **give**

Opposite of **hard**

Opposite of **remember**

Word Box

play

forget

soft

take

new

close

Play and Work

Directions: Circle the words. The words go → and ↓.

e	n	w	p	u	l	l	c	t
m	t	q	b	m	i	d	f	a
x	h	a	l	o	n	g	u	d
g	i	c	w	r	f	d	y	d
a	n	p	f	a	l	s	e	j
k	p	s	n	z	t	h	i	p
b	o	t	t	o	m	v	l	b

Opposite of **push**

Opposite of **true**

Opposite of **thick**

Opposite of **subtract**

Opposite of **top**

Opposite of **short**

Word Box

thin

bottom

long

false

add

pull

Above and Below

Directions: Circle the words. The words go → and ↓.

n	m	o	r	e	k	n	o	c
f	h	q	p	t	o	r	i	a
a	e	i	n	s	i	d	e	l
t	d	m	p	z	a	v	l	w
h	y	b	l	a	c	k	g	a
e	s	j	p	r	h	m	b	y
r	a	d	r	y	u	e	w	s

Opposite of **wet**

Opposite of **white**

Opposite of **yes**

Opposite of **mother**

Opposite of **never**

Opposite of **less**

Opposite of **outside**

Word Box

no

father

inside

dry

black

always

more

Hot and Cold

Directions: Circle the words. The words go → and ↓.

c	g	w	p	n	d	s	n	a
f	l	b	e	l	o	w	e	m
r	e	o	k	r	j	t	a	t
o	w	h	i	t	e	h	r	u
n	y	t	b	w	u	i	b	k
t	i	a	f	r	n	b	o	y
o	a	f	t	e	r	m	v	e

Opposite of **girl**

Opposite of **far**

Opposite of **back**

Opposite of **before**

Opposite of **black**

Opposite of **above**

Word Box

after

boy

front

near

white

below

A Super Seeker

Directions: Circle the words from the sentences. The words go → and ↓.

c	i	m	e	n	a	m	e	b
r	e	d	p	u	m	r	p	l
w	b	d	v	s	g	p	o	r
f	a	k	f	o	f	i	z	u
o	t	t	i	k	d	u	y	a
m	o	z	v	e	m	n	o	j
t	h	b	e	l	g	s	v	e

I will go **to** the store.

I have **no** clean socks.

Is my shirt clean **or** dirty?

Tory saw **five** ducks.

My **name** is Tasha.

She is wearing **red** shoes.

Can You Find Them?

Directions: Circle the words from the sentences. The words go → and ↓.

a	q	t	r	e	m	x	d	o
y	e	l	l	o	w	f	h	r
f	c	x	t	g	p	e	o	a
l	r	h	w	h	a	t	d	n
s	i	a	g	t	o	r	t	g
n	d	n	s	o	z	o	w	e
w	e	c	v	l	e	n	k	b

Kevin's shirt is **yellow**.

My mom was **so** mad.

A bug is **on** my shoe.

Lindsay's socks are **orange**.

I like to **ride** my bike.

Chandler knows **what** this is.

Do You See the Words?

Directions: Circle the words from the sentences. The words go → and ↓.

```
a  q  h  e  r  e  m  d  p
f  e  i  a  z  l  g  o  m
l  h  e  l  p  u  e  u  e
r  w  e  m  x  o  h  r  w
n  s  k  b  r  d  e  o  j
m  t  p  l  y  r  l  y  h
y  w  e  n  v  c  t  d  o
```

I lost **my** book.

Your ball is right **here**.

Kelsie can **help** me.

Steven can **do** it.

Does **he** want to come?

She gave the toy to **me**.

Are the Words Here?

Directions: Circle the words from the sentences. The words go → and ↓.

i	a	e	h	o	h	r	c	h
q	o	n	e	t	i	n	h	a
w	n	a	i	p	m	x	k	s
b	l	u	e	y	u	l	u	p
s	a	f	t	v	l	i	k	e
m	s	m	j	d	e	e	b	l
d	b	n	v	h	a	v	e	g

Look at **him** swim!

I lost my **blue** towel.

Sam has **one** sister.

Do you **like** candy?

We **have** bikes to ride.

Annie **has** a teddy bear.

Find Them All

Directions: Circle the words from the sentences. The words go → and ↓.

p	c	u	o	t	s	p	g	b
n	a	e	d	i	t	k	o	s
q	t	h	s	a	r	z	f	t
c	x	g	r	e	e	n	l	o
s	w	o	t	s	b	r	s	p
a	n	w	g	w	i	l	l	e
w	i	m	c	v	j	y	k	x

Brett saw **it** first.

My **cat** likes to sleep.

The grass is **green**.

We cannot **stop** the train!

I **will** see you later.

Carrie **saw** it, too.

Word Searches

Circle Them

Directions: Circle the words from the sentences. The words go → and ↓.

k	d	o	g	r	y	o	i	a
g	f	b	j	w	e	t	p	d
j	q	y	d	x	u	l	n	c
u	p	p	z	e	b	o	y	g
m	r	l	v	o	p	m	w	t
p	s	a	b	h	x	o	l	d
e	m	y	a	l	b	u	p	j

My **dog** eats bones.

Did you see Tony **jump**?

The **boy** is mad.

The **old** man has a cat.

Will you **play** with me?

Can **we** have candy?

Name_____

Use Your Eyes

Directions: Circle the words from the sentences. The words go → and ↓.

i	o	e	p	h	e	r	m	b
c	s	u	r	k	y	d	h	y
h	a	q	b	r	o	w	n	o
w	i	s	r	w	d	y	q	u
p	d	p	p	o	r	u	f	r
j	x	g	n	v	w	p	d	g
p	u	r	p	l	e	n	l	a

This is **her** hat.

Mom **said** to be quiet.

The grapes are **purple**.

Look **up** in the sky.

The bear is **brown**.

Is this **your** book?

Jump in and Look!

Directions: Circle the words from the sentences. The words go → and ↓.

e	l	n	g	c	e	b	r	d
p	g	i	r	l	j	i	d	r
y	a	u	d	z	b	g	b	a
b	l	a	c	k	w	o	x	w
r	s	c	k	f	d	w	a	h
i	f	o	u	r	g	t	r	k
a	c	n	v	l	l	r	e	b

Emily's cat is **black**.

I have **four** good friends.

Tom can **draw** a mouse.

He is so **big**!

We **are** strong.

The **girl** is reading.

Hunt and Look

Directions: Circle the words from the sentences. The words go → and ↓.

b	l	e	i	n	f	r	q	j
u	f	o	r	w	u	t	d	a
p	t	h	x	c	n	d	i	u
t	f	u	f	b	n	y	d	o
h	r	s	h	o	y	g	y	k
i	x	a	t	e	f	s	w	d
s	m	v	n	i	z	c	a	n

Timmy is **funny**.

You **did** it!

Is **this** your paper?

I made it **for** you.

Kristen **can** kick the ball.

She **ate** all her apple.

Try to Find the Words

Directions: Circle the words from the sentences. The words go → and ↓.

e	t	h	i	n	g	o	a	c
l	i	g	r	c	u	w	f	l
s	v	i	b	g	n	o	h	o
n	b	e	e	n	c	m	k	t
p	g	y	l	w	m	a	e	h
n	o	w	o	t	h	n	d	e
b	x	i	m	h	i	g	h	s

This **thing** is broken.

That slide is too **high**.

We have **been** at the park.

Mom bought some new **clothes**.

Help the **woman** with the baby.

I want a cookie **now**!

Do You See Each Word?

Directions: Circle the words from the sentences. The words go → and ↓.

l	w	p	a	u	j	b	t	d
b	e	t	t	e	r	n	r	h
t	y	o	a	e	s	h	y	e
f	s	c	w	a	t	e	r	t
r	u	i	x	b	r	v	k	t
i	c	w	h	u	r	t	s	o
q	h	z	u	f	x	a	g	o

Let Max catch, **too.**

Can I **try** now?

The **water** is cold.

James is **such** a funny boy!

Did you **hurt** your toe?

I **better** go home now.

Search All Over

Directions: Circle the words from the sentences. The words go → and ↓.

e	d	b	e	c	a	u	s	e
n	j	l	e	p	m	g	y	c
o	s	q	o	t	h	e	r	h
u	h	f	k	z	r	a	s	m
g	a	v	a	b	o	u	t	e
h	l	x	w	o	t	j	v	i
b	l	n	f	r	i	e	n	d

I can wear my **other** shoes.

Sallie wants it **because** she is tired.

You **shall** eat dinner now.

It is **about** time to go.

Did you get **enough** popcorn?

Megan is her **friend**.

Keep Looking

Directions: Circle the words from the sentences. The words go → and ↓.

b	u	y	r	c	n	e	p	a
w	o	j	w	x	p	e	u	q
h	s	y	f	m	a	f	g	i
o	h	g	i	c	r	v	o	t
l	o	f	r	s	t	b	t	d
a	w	r	e	z	h	g	y	k
o	b	l	v	t	n	e	x	t

Please **buy** me a toy!

Go **show** Eric your toys.

Corey **got** a new bike.

This is the funny **part**.

That **fire** is very hot.

Tanner is **next**.

Be Sure to Look Closely

Directions: Circle the words from the sentences. The words go → and ↓.

a	i	q	d	l	m	e	a	g
n	f	u	l	l	t	g	z	f
o	p	y	e	f	h	w	e	l
t	u	t	h	e	i	r	x	y
h	r	f	n	a	r	l	r	j
e	k	o	s	m	o	n	e	y
r	b	f	y	v	n	h	e	t

The baby bird can **fly**.

Lizzie is a friend **of** Marlee's.

We have **their** ball.

I have **another** pillow.

My **money** is in the bank.

Jack is **full** of pie.

Did You Find Them All?

Directions: Circle the words from the sentences. The words go → and ↓.

h	d	l	o	n	g	o	i	a
u	q	y	r	u	x	e	d	e
s	s	n	e	w	l	t	o	s
e	i	v	q	a	y	g	e	w
k	w	a	y	o	d	n	s	j
p	s	w	e	g	n	r	w	c
b	z	f	m	n	e	v	e	r

May I **use** your pencil?

Bailey's hair is **long**.

What **does** Jamie do all day?

Go that **way**.

I can **never** lose this!

My **new** shirt is torn.

Are You Finished?

Directions: Circle the words from the sentences. The words go → and ↓.

s	b	t	b	r	i	n	g	p
c	r	w	l	o	e	u	b	i
m	o	g	b	a	c	k	h	c
g	t	r	n	g	r	b	o	t
t	h	e	s	e	v	h	d	u
j	e	x	n	y	s	p	l	r
o	r	f	g	r	e	a	t	e

Are **these** your cars?

Can you **bring** me a drink?

David drew me a **picture**.

You are a **great** friend!

Give the toy **back** to Joey.

Sandie's **brother** is tall.

On Land

Directions: Find and circle the words in the puzzle.

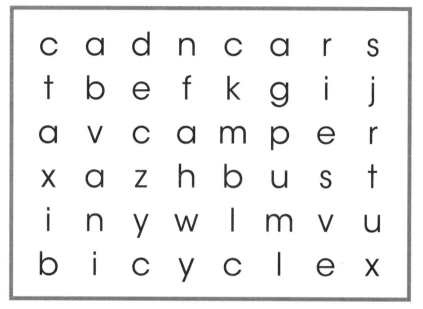

```
c a d n c a r s
t b e f k g i j
a v c a m p e r
x a z h b u s t
i n y w l m v u
b i c y c l e x
```

 car

 van

 bus

 taxi

 camper

 bicycle

How Does it Look?

Directions: Find and circle the words in the puzzle.

```
d f a n c y e g a u b v c
c b c a h s f b g w r s o
u p j d i h t f t q i h l
r k a u o d c r r s g i o
v m l l n c l e a r h n r
e f e l e p o p n n t y f
d e d w i d e c m b g a u
g b e a u t i f u l k e l
j h i s p a r k l i n g l
```

beautiful   dull
colorful   pale
fancy   shiny
strange   wide
clear   sparkling
curved   bright

In the Country

Directions: Find and circle the words in the puzzle.

```
d b z w u v y h
a r f i e l d i
c i x t o w n l
b d p m q e r l
b g r o a d s t
o e m e a d o w
```

 hill

 road

 town

 field

 bridge

 meadow

Space

Directions: Find and circle the words in the puzzle.

```
a g a l a x y g b f c e d
h s i r s j r o c k e t c
m u q t p t p m o l n k o
e o x w a y a a s u n z m
t v o g c h f r b d e c e
e j i n e m k l o r b i t
o z x y v w p l a n e t o
r b g r a v i t y u n t p
a a s t r o n a u t r s q
```

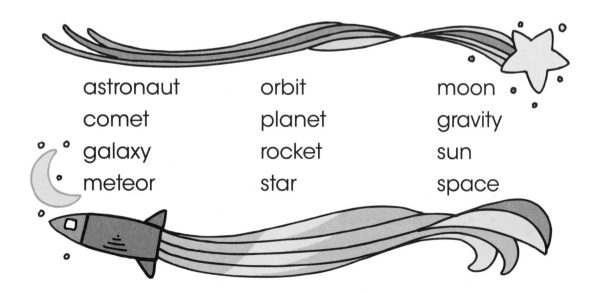

astronaut	orbit	moon
comet	planet	gravity
galaxy	rocket	sun
meteor	star	space

Community Helpers

Directions: Find and circle the words in the puzzle.

```
d w d e n t u v
o d e n t i s t
c p l u m b e r
t t n u r s e s
o t e a c h e r
r p a i n t e r
```

 nurse

 teacher

 doctor

 plumber

 dentist

 painter

How Does it Taste?

Directions: Find and circle the words in the puzzle.

```
a  s  w  e  e  t  x  h  h  v  s  t  u
b  e  a  k  y  j  i  w  o  x  p  c  j
i  l  b  l  d  a  z  a  t  b  i  y  u
t  m  c  s  t  a  l  e  z  s  c  d  i
t  b  n  n  o  y  m  r  l  k  y  e  c
e  q  c  e  p  o  s  o  u  r  j  c  y
r  g  r  f  p  s  q  w  t  v  u  o  h
d  d  e  l  i  c  i  o  u  s  i  l  f
g  r  e  a  s  y  t  a  s  t  y  d  g
```

sweet	spicy
bitter	stale
delicious	tasty
juicy	greasy
salty	hot
sour	cold

Toys

Directions: Find and circle the words in the puzzle.

```
w p u p p e t r
t u d o l l t s
r x b l o c k s
u v y m z n a q
c p u z z l e c
k g a m e o p b
```

 doll

 game

 truck

 block

 puppet

 puzzle

Word Opposites

Directions: Draw a line to match each word to its opposite.

big

tall

hot

cold

little

short

Directions: Find and circle the words in the puzzle.

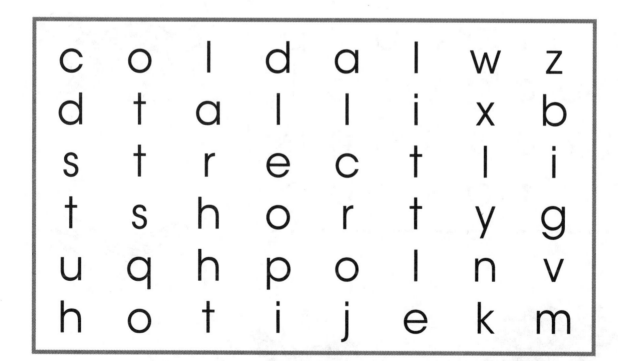

At the Pet Shop

Directions: Find and circle the words in the puzzle.

cage	brushes	collars	guppies	food
mice	fish	toys	birds	dogs

```
c o l l a r s g
b r u s h e s u
f a m d t c g p
i c i o o a f p
s e c g y g o i
h z e s s e o e
b i r d s r d s
```

In the Desert

Directions: Find and circle the words in the puzzle.

```
a  j  g  r  a  s  s  h  o  p  p  e  r
h  n  o  n  i  l  f  w  e  s  d  c  s
k  p  t  n  m  j  o  a  p  p  q  a  r
b  e  e  t  l  e  h  t  g  i  b  c  z
d  e  s  e  r  t  e  e  d  d  y  t  t
f  q  n  l  i  a  k  r  c  e  q  u  m
g  l  i  z  a  r  d  b  c  r  v  s  o
b  u  t  t  e  r  f  l  y  x  y  w  t
f  l  o  w  e  r  s  r  w  a  s  p  h
```

desert   butterfly
cactus   grasshopper
flowers   ant
water   moth
lizard   wasp
beetle   spider

In the Air

Directions: Find and circle the words in the puzzle.

```
p f b l i m p y
l e g k i t e j
a d h i b k z e
n x c j m a l t
e r o c k e t u
w v g l i d e r
```

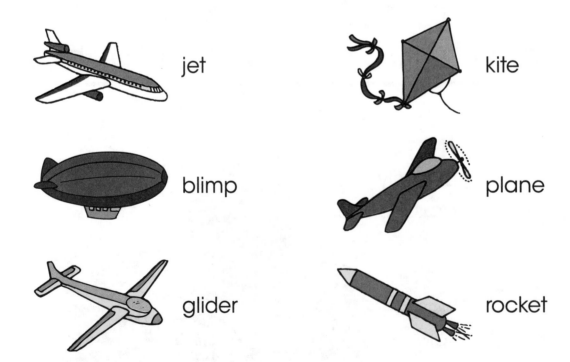

jet

kite

blimp

plane

glider

rocket

In the Rainforest

Directions: Circle the words. The words go → and ↓.

w	m	s	l	o	t	h	o	m
i	r	y	t	i	o	p	n	o
g	c	j	a	g	u	a	r	n
u	o	k	v	m	c	z	u	k
a	t	e	i	g	a	j	a	e
n	h	y	d	i	n	g	u	y
a	n	t	e	a	t	e	r	i

 monkey

 iguana

 toucan

 sloth

 anteater

 jaguar

In the Woods

Circle the words. The words go → and ↓.

```
o  h  m  b  e  a  v  e  r
p  x  i  a  v  z  p  g  a
o  t  b  e  a  r  n  k  c
s  i  r  r  v  j  d  s  c
s  q  u  i  r  r  e  l  o
u  y  o  q  a  d  e  i  o
m  f  l  u  c  o  r  w  n
```

 squirrel

 raccoon

 deer

 opossum

 bear

 beaver

In the City

Directions: Find and circle the words in the puzzle.

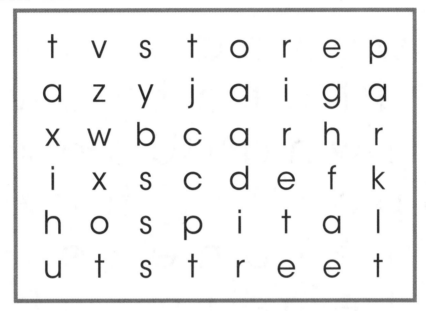

```
t  v  s  t  o  r  e  p
a  z  y  j  a  i  g  a
x  w  b  c  a  r  h  r
i  x  s  c  d  e  f  k
h  o  s  p  i  t  a  l
u  t  s  t  r  e  e  t
```

 car

 park

 taxi

 store

 street

 hospital

Underwater

Directions: Find and circle the words in the puzzle.

```
g l w o t b d c f s r a
s e a l s f o t i e w o
h a t w h a l e s a x p
e b p a r t p j h w z l
l y l t i d h e z e f a
l b t e m e i m x e b n
s r g r p q n r o d l t
a o n l e x s h a r k s
```

water	seals
sharks	fish
shrimp	plants
shells	whales
dolphins	seaweed

How is the Weather?

Directions: Find and circle the words in the puzzle.

s	w	i	n	d	y	r	c
n	d	a	c	b	n	s	l
o	e	r	a	i	n	y	o
w	q	z	y	o	t	v	u
y	w	a	r	m	u	x	d
p	s	u	n	n	y	w	y

 warm

 rainy

 snowy

 windy

 sunny

 cloudy

Name_____

Colors

Directions: Find and circle the words in the puzzle.

```
p x c r z a m r b l u e x
u x t a n w a x x c r r n
r a d d o g r e e n r n b
p n b l a c k e g r e d r
l f l c g r a y e l l o o
e o a a i p l e x x c n w
x w h i t e v e r x c k n
c s k x i k w o r a n g e
y e l l o w o l p i n k r
```

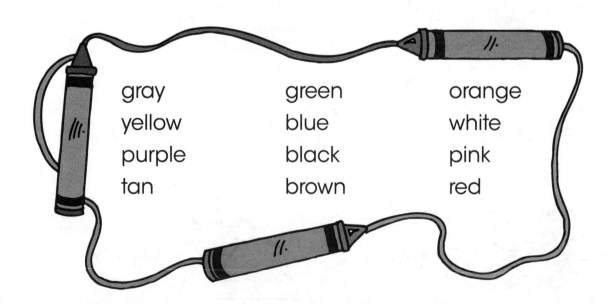

gray   green   orange
yellow   blue   white
purple   black   pink
tan   brown   red

Colors

Directions: Find and circle the words in the puzzle.

```
b  l  u  e  p  i  n  k
b  l  a  c  k  e  r  w
r  o  r  a  n  g  e  h
o  g  r  e  e  n  d  i
w  p  u  r  p  l  e  t
n  y  e  l  l  o  w  e
```

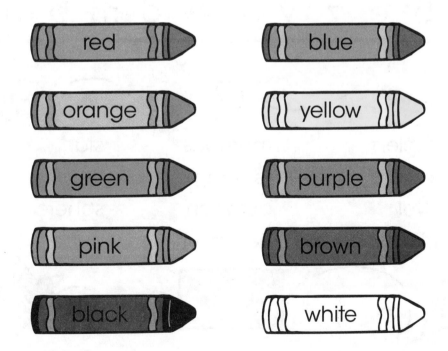

red   blue

orange yellow

green   purple

pink   brown

black   white

Shapes

Directions: Find and circle the words in the puzzle.

```
x o c i r c l e l q t s a
o v h t r i a n g l e q c
c a s j r s p h e r e u r
t l e g i t b c n n e a s
a u h e x a g o n m a r c
g v h e a r t p c f w e p
o d n e p t a g o n w n n
n r e c t a n g l e x o t
c u b e z y r h o m b u s
```

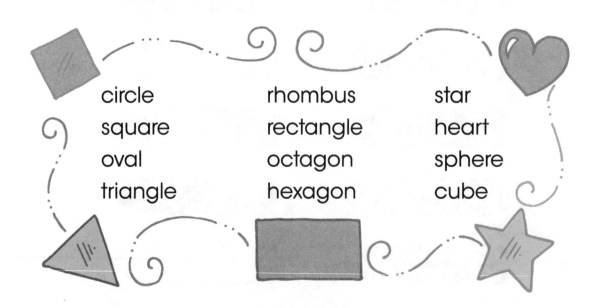

circle   rhombus   star

square   rectangle   heart

oval   octagon   sphere

triangle   hexagon   cube

Money

Directions: Find and circle the words in the puzzle.

```
g d i m e d p v
d o l l a r e c
n i c k e l n w
s f b e z y n a
u m o n e y y x
t q u a r t e r
```

 money

 penny

 nickel

 dime

 quarter

 dollar

One Through Ten

Directions: Circle the words. The words go → and ↓.

n	s	o	t	s	o	n	e	f
i	i	t	w	o	v	i	m	o
n	x	s	e	v	e	n	d	t
e	h	e	i	o	b	x	v	h
c	t	y	g	m	f	o	u	r
u	e	o	h	y	t	p	l	e
g	n	b	t	g	f	i	v	e

one   six

two   seven

three   eight

four   nine

five   ten

School Tools

Directions: Find and circle the words in the puzzle.

s	c	i	s	s	o	r	s
r	c	r	a	y	o	n	r
u	o	u	q	g	l	u	e
l	i	x	h	u	g	s	f
e	p	e	n	c	i	l	t
r	m	z	c	h	a	l	k

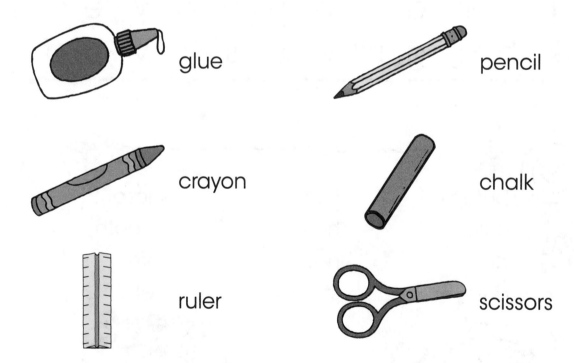

glue

pencil

crayon

chalk

ruler

scissors

How Does it Feel?

Directions: Find and circle the words in the puzzle.

```
s b u m p y p q o h o t s
m m l d s h a r p r v t u
n k o c e c a w b z s w h
f g f s o f t x e x t y a
u h e j b l a y z t i o r
z f d i a c d r y u c v d
z s m o o t h b w c k s q
y j s h a f p n d o y e r
i k h l g m d u s t y p f
```

bumpy   fuzzy   sharp

cold   hard   smooth

dry   hot   soft

dusty   sticky   wet

Opposites

Directions: Draw a line to match each word to its opposite.

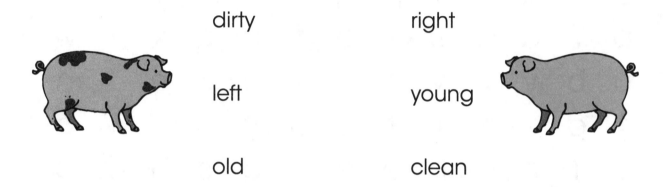

dirty   right

left   young

old   clean

Directions: Find and circle the words in the puzzle.

d	m	v	w	y	x	j	r
i	l	e	f	t	l	k	i
r	n	g	f	t	e	s	g
t	u	c	l	e	a	n	h
y	y	o	u	n	g	r	t
h	i	o	o	l	d	p	q

Circles

Directions: Find and circle the words in the puzzle.

```
a f u s t p q u a r t e r e r
b r a w e l e t p q x r w
u b y x v a n i c k e l h
t d z m r t p a y o - y o
t i n w h e e l g s h m c
o m o r e l f h o t o n l
n e c t t i r e i u o v o
p e n n y k j w x e p t c
d d a r t b o a r d g j k
```

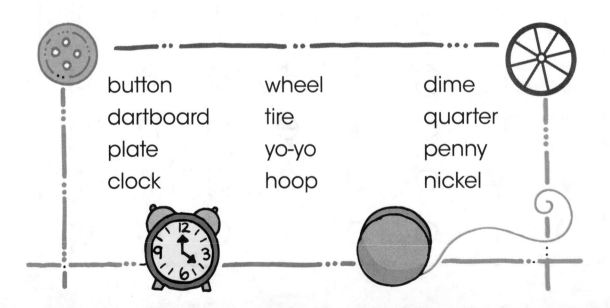

button   wheel   dime
dartboard   tire   quarter
plate   yo-yo   penny
clock   hoop   nickel

Feelings

Directions: Find and circle the words in the puzzle.

a	h	r	a	n	g	r	y
f	i	f	s	l	t	u	s
r	h	a	p	p	y	n	a
a	g	j	q	p	m	o	d
i	e	x	c	i	t	e	d
d	e	k	p	r	o	u	d

 sad

 proud

 happy

 angry

 afraid

 excited

Boy and Girl

Directions: Circle the words. The words go → and ↓.

r	a	l	w	a	y	s	x	b
f	u	d	o	m	f	t	l	o
a	z	l	i	w	g	i	r	l
l	g	a	r	a	s	m	p	h
s	s	u	b	t	r	a	c	t
e	h	g	v	i	g	u	e	w
n	c	h	y	s	h	o	r	t

Opposite of **add**

Opposite of **true**

Opposite of **boy**

Opposite of **tall**

Opposite of **never**

Opposite of **cry**

Word Box

girl

always

subtract

laugh

short

false

Far Out!

Directions: Circle the words. The words go → and ↓.

```
e  s  r  i  o  r  b  i  t
o  p  l  p  k  d  v  g  r
x  a  t  l  e  h  m  j  o
m  c  w  a  f  i  o  r  c
y  e  s  n  t  n  o  c  k
b  k  h  e  y  p  n  f  e
s  h  u  t  t  l  e  y  t
```

 rocket

 moon

 space

 orbit

 planet

 shuttle

At the Beach

Directions: Circle the words. The words go → and ↓.

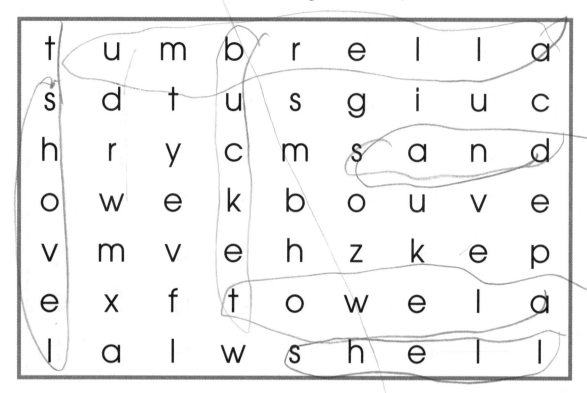

t	u	m	b	r	e	l	l	a
s	d	t	u	s	g	i	u	c
h	r	y	c	m	s	a	n	d
o	w	e	k	b	o	u	v	e
v	m	v	e	h	z	k	e	p
e	x	f	t	o	w	e	l	a
l	a	l	w	s	h	e	l	l

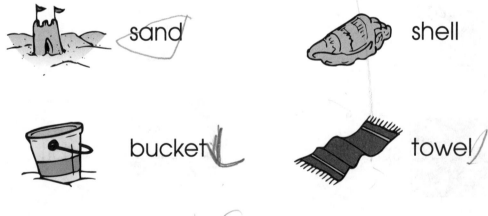

sand

shell

bucket

towel

shovel

umbrella

Super Sports

Directions: Circle the words. The words go → and ↓.

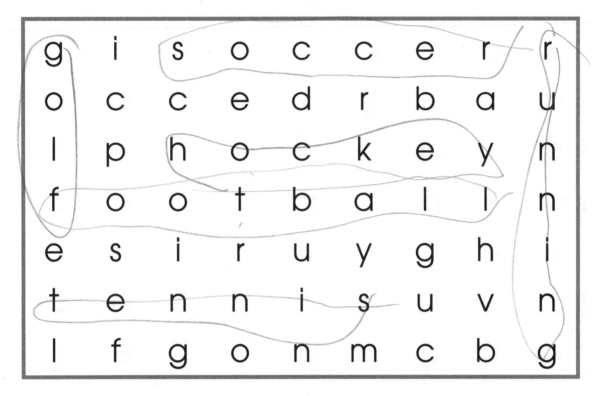

```
g  i  s  o  c  c  e  r  r
o  c  c  e  d  r  b  a  u
l  p  h  o  c  k  e  y  n
f  o  o  t  b  a  l  l  n
e  s  i  r  u  y  g  h  i
t  e  n  n  i  s  u  v  n
l  f  g  o  n  m  c  b  g
```

soccer

running

football

tennis

hockey

golf

Machines at Work

Directions: Circle the words. The words go → and ↓.

r	c	o	p	i	e	r	y	t
c	t	e	u	s	w	i	b	r
a	f	m	o	w	e	r	l	a
m	e	p	f	c	r	d	o	c
e	h	b	l	o	w	e	r	t
r	n	a	r	m	o	r	p	o
a	c	o	m	p	u	t	e	r

 computer

 blower

 tractor

 camera

 mower

 copier

Toys

Directions: Circle the words. The words go → and ↓.

s	g	l	m	e	b	l	u	d
t	e	d	d	y	b	e	a	r
r	r	o	p	a	a	t	g	u
u	n	d	o	l	l	u	c	m
c	l	r	b	e	l	r	m	k
k	k	b	l	o	c	k	s	c
b	l	s	o	e	m	r	d	b

 ball

 truck

 blocks

 drum

 doll

 teddy bear

School Is Fun!

Directions: Circle the words. The words go → and ↓.

n	f	r	e	i	p	t	i	f
c	o	m	n	s	e	h	b	r
r	e	a	d	i	n	g	y	i
a	f	r	r	e	c	r	a	e
y	p	k	a	d	i	n	g	n
o	r	e	r	u	l	e	r	d
n	g	r	u	l	t	r	m	s

 friends

 pencil

 crayon

 reading

 marker

 ruler

Going to the Zoo

Directions: Circle the words. The words go → and ↓.

k	d	y	t	l	c	i	k	b
m	j	g	i	r	a	f	f	e
o	s	p	g	f	f	l	r	a
n	t	o	e	v	e	i	o	r
k	b	g	r	y	d	o	h	h
e	l	e	p	h	a	n	t	z
y	r	a	u	x	r	w	m	c

 elephant

 tiger

 giraffe

 lion

 monkey

 bear

Ocean Animals

Directions: Circle the words. The words go → and ↓.

```
o  y  s  t  e  r  k  s  c
s  e  d  u  n  u  p  h  a
e  m  w  n  s  h  a  r  k
a  g  h  y  d  o  u  i  l
l  i  a  t  v  s  w  m  f
d  o  l  p  h  i  n  p  x
s  y  e  r  t  o  z  h  b
```

 whale    dolphin

 shrimp    shark

 oyster    seal

On the Farm

Directions: Circle the words. The words go → and ↓.

e	t	w	h	e	a	t	v	k
g	r	e	p	n	l	c	g	i
z	a	l	t	r	u	a	m	t
k	c	b	a	r	n	l	e	t
r	t	p	w	s	c	v	r	e
h	o	r	s	e	t	e	j	n
f	r	h	n	y	a	s	d	t

 horse

 tractor

 barn

 wheat

 kitten

 calves

Things That Grow

Directions: Circle the words. The words go → and ↓.

p	b	u	f	t	l	b	g	a
d	a	i	o	r	c	u	f	n
n	b	y	w	e	i	s	l	i
j	i	v	s	e	b	h	o	m
w	e	e	d	s	m	e	k	a
u	s	h	a	p	i	s	e	l
b	r	f	l	o	w	e	r	s

 flowers

 animals

 trees

 weeds

 babies

 bushes

Beautiful Birds

Directions: Circle the words. The words go → and ↓.

```
s  g  p  m  e  b  r  e  t
p  c  a  r  d  i  n  a  l
a  r  r  d  o  r  o  g  c
r  n  r  a  s  t  u  l  h
r  i  o  w  o  w  l  e  m
o  x  t  l  y  k  f  p  l
w  d  v  f  r  o  b  i  n
```

 sparrow

 cardinal

 parrot

 owl

 robin

 eagle

Name_____

Snack Time

Directions: Circle the words. The words go → and ↓.

a	p	t	e	r	a	m	e	c
p	x	r	i	c	o	o	w	o
p	e	a	c	h	r	k	b	o
l	n	b	e	z	a	l	p	k
e	q	d	c	a	n	d	y	i
u	y	l	h	n	g	v	s	e
i	c	e	c	r	e	a	m	f

 ice cream

 orange

 candy

 apple

 cookie

 peach

Around Town

Directions: Circle the words. The words go → and ↓.

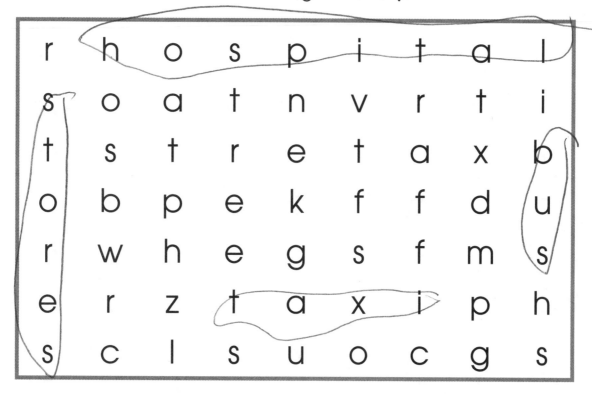

r	h	o	s	p	i	t	a	l
s	o	a	t	n	v	r	t	i
t	s	t	r	e	t	a	x	b
o	b	p	e	k	f	f	d	u
r	w	h	e	g	s	f	m	s
e	r	z	t	a	x	i	p	h
s	c	l	s	u	o	c	g	s

 stores

 streets

 hospital

 taxi

 traffic

 bus

Country Quiet

Directions: Circle the words. The words go → and ↓.

w	h	e	a	t	q	f	n	g
m	d	s	p	g	w	i	b	p
f	k	h	o	r	s	e	s	o
a	u	m	s	a	o	l	i	n
r	p	e	r	l	z	d	r	d
m	e	a	d	o	w	s	v	s
s	c	h	t	y	f	i	e	j

 farms

 ponds

 fields

 wheat

 meadows

 horses

Let's Travel

Directions: Circle the words. The words go → and ↓.

f	m	y	s	h	i	p	y	r
t	r	a	u	b	s	h	o	b
r	o	c	k	e	t	x	p	z
a	c	a	t	s	g	c	l	e
i	k	r	r	n	o	l	a	r
n	t	p	w	d	m	v	n	q
r	b	i	c	y	c	l	e	j

 plane

 rocket

 train

 car

 bicycle

 ship

Weather Words

Directions: Circle the words. The words go → and ↓.

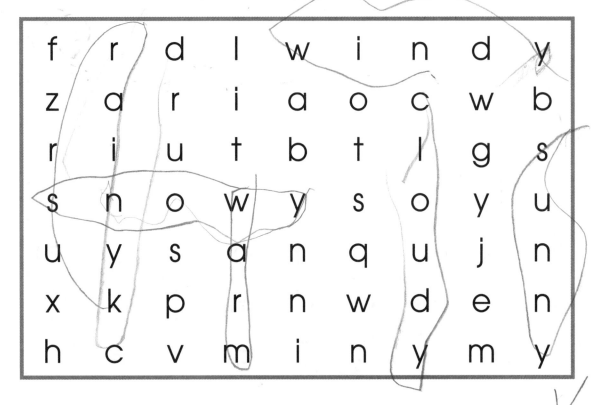

```
f  r  d  l  w  i  n  d  y
z  a  r  i  a  o  c  w  b
r  i  u  t  b  t  l  g  s
s  n  o  w  y  s  o  y  u
u  y  s  a  n  q  u  j  n
x  k  p  r  n  w  d  e  n
h  c  v  m  i  n  y  m  y
```

 warm

 snowy

 rainy

 cloudy

 sunny

 windy

Who Helps You?

Directions: Circle the words. The words go → and ↓.

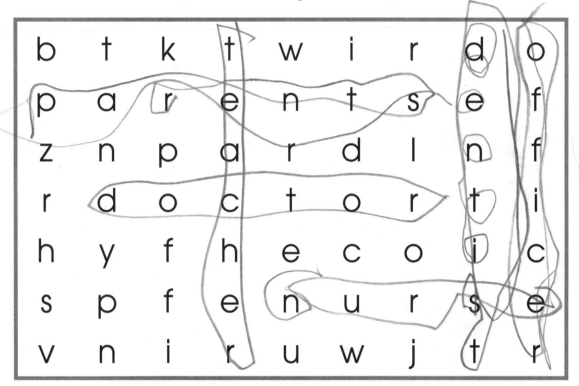

b	t	k	t	w	i	r	d	o	
p	a	r	e	n	t	s	e	o	f
z	n	p	a	r	d	l	n	t	f
r	d	o	c	t	o	r	t	i	
h	y	f	h	e	c	o	i	c	
s	p	f	e	n	u	r	s	e	
v	n	i	r	u	w	j	t	r	

parents ✓

nurse ✓

teacher ✓

dentist ✓

doctor

officer ✓

How Do You Feel?

Directions: Circle the words. The words go → and ↓.

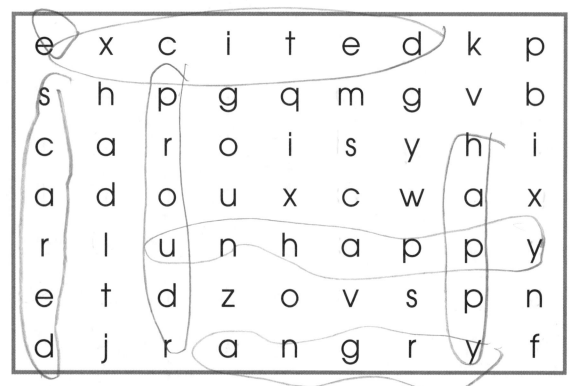

e	x	c	i	t	e	d	k	p
s	h	p	g	q	m	g	v	b
c	a	r	o	i	s	y	h	i
a	d	o	u	x	c	w	a	x
r	l	u	n	h	a	p	p	y
e	t	d	z	o	v	s	p	n
d	j	r	a	n	g	r	y	f

happy

excited

angry

unhappy

scared

proud

Things We Eat With

Directions: Circle the words. The words go → and ↓.

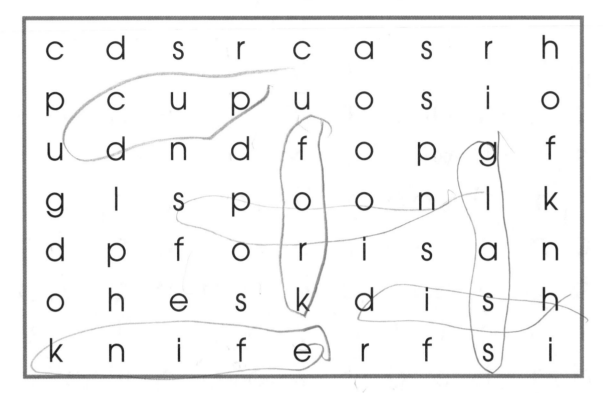

c	d	s	r	c	a	s	r	h
p	c	u	p	u	o	s	i	o
u	d	n	d	f	o	p	g	f
g	l	s	p	o	o	n	l	k
d	p	f	o	r	i	s	a	n
o	h	e	s	k	d	i	s	h
k	n	i	f	e	r	f	s	i

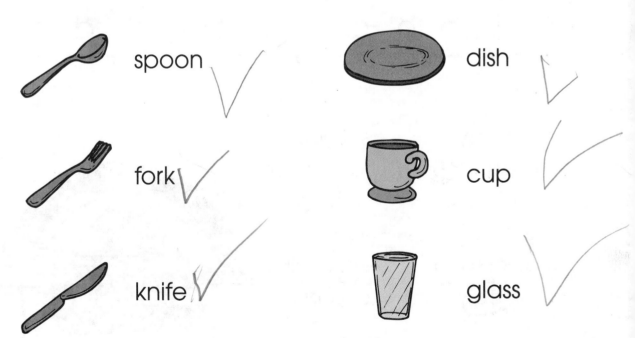

spoon

fork

knife

dish

cup

glass

Compounds

Directions: Find and circle the words in the puzzle.

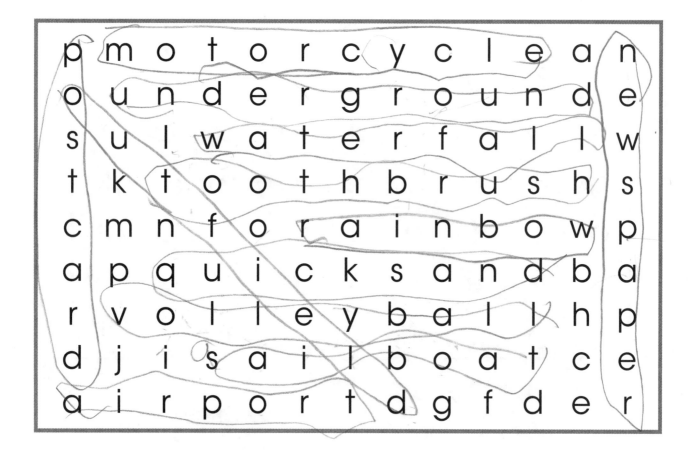

```
p m o t o r c y c l e a n
o u n d e r g r o u n d e
s u l w a t e r f a l l w
t k t o o t h b r u s h s
c m n f o r a i n b o w p
a p q u i c k s a n d b a
r v o l l e y b a l l h p
d j i s a i l b o a t c e
a i r p o r t d g f d e r
```

motorcycle	sailboat
newspaper	toothbrush
outfield	underground
postcard	volleyball
quicksand	waterfall
rainbow	airport

Parts of the Body

Directions: Find and circle the words in the puzzle.

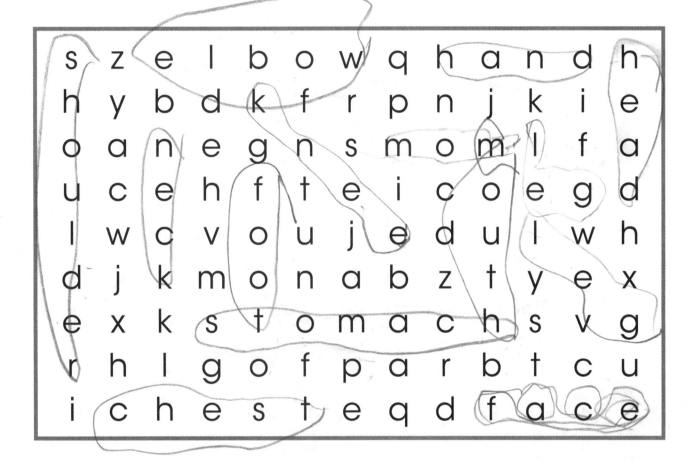

```
s  z  e  l  b  o  w  q  h  a  n  d  h
h  y  b  d  k  f  r  p  n  j  k  i  e
o  a  n  e  g  n  s  m  o  m  l  f  a
u  c  e  h  f  t  e  i  c  o  e  g  d
l  w  c  v  o  u  j  e  d  u  l  w  h
d  j  k  m  o  n  a  b  z  t  y  e  x
e  x  k  s  t  o  m  a  c  h  s  v  g
r  h  l  g  o  f  p  a  r  b  t  c  u
i  c  h  e  s  t  e  q  d  f  a  c  e
```

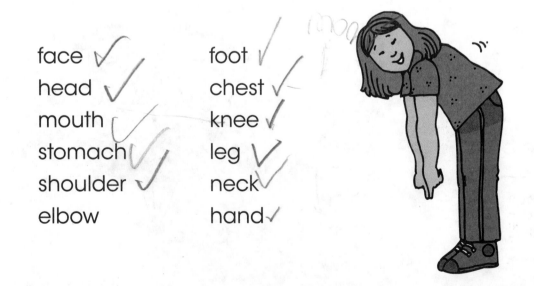

face ✓	foot ✓
head ✓	chest ✓
mouth	knee ✓
stomach ✓	leg ✓
shoulder ✓	neck ✓
elbow	hand ✓

Ant or Aunt?

Directions: Find and circle the words in the puzzle.

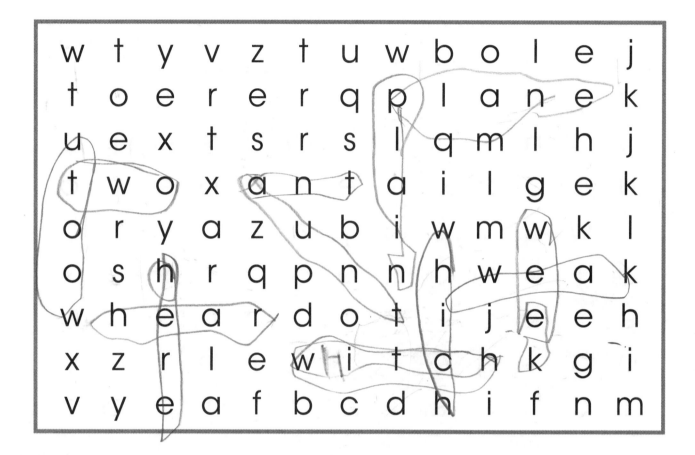

```
w t y v z t u w b o l e j
t o e r e r q p l a n e k
u e x t s r s l q m l h j
t w o x a n t a i l g e k
o r y a z u b i w m w k l
o s h r q p n n h w e a k
w h e a r d o t i j e e h
x z r l e w i t c h k g i
v y e a f b c d h i f n m
```

ant	plane
aunt	plain
hear	weak
here	week
two	which
too	witch

Name_____

Zoo Animals

Directions: Find and circle the words in the puzzle.

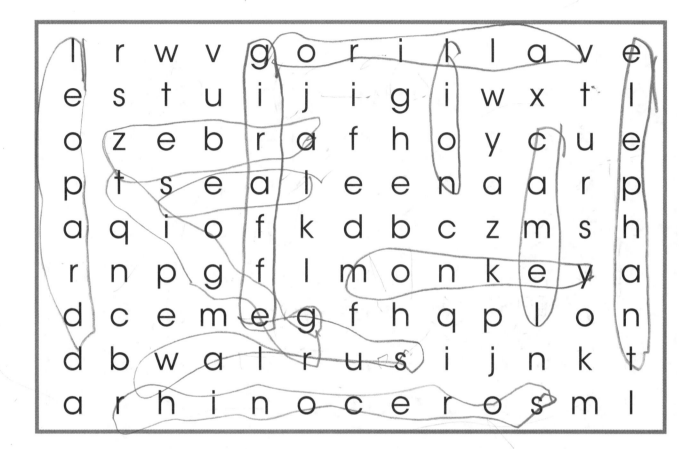

```
l  r  w  v  g  o  r  i  l  l  a  v  e
e  s  t  u  i  j  i  g  i  w  x  t  l
o  z  e  b  r  a  f  h  o  y  c  u  e
p  t  s  e  a  l  e  e  n  a  a  r  p
a  q  i  o  f  k  d  b  c  z  m  s  h
r  n  p  g  f  l  m  o  n  k  e  y  a
d  c  e  m  e  g  f  h  q  p  l  o  n
d  b  w  a  l  r  u  s  i  j  n  k  t
a  r  h  i  n  o  c  e  r  o  s  m  l
```

gorilla
lion
giraffe
elephant

rhinoceros
zebra
camel
seal

walrus
leopard
monkey
tiger

Vehicles

Directions: Find and circle the words in the puzzle.

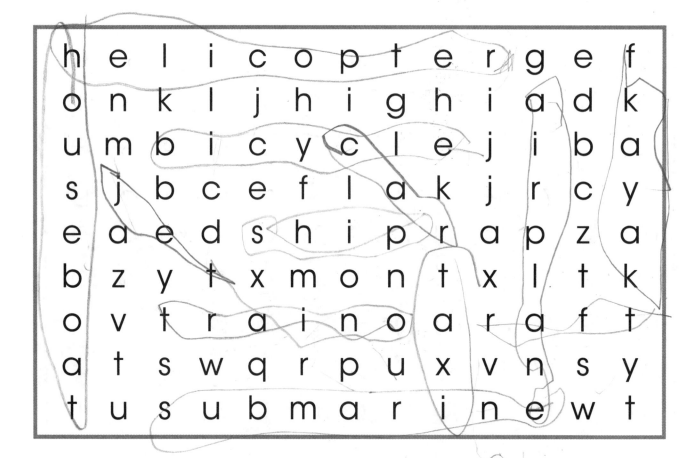

```
h e l i c o p t e r g e f
o n k l j h i g h i a d k
u m b i c y c l e j i b a
s j b c e f l a k j r c y
e a e d s h i p r a p z a
b z y f x m o n t x l t k
o v t r a i n o a r a f t
a t s w q r p u x v n s y
t u s u b m a r i n e w t
```

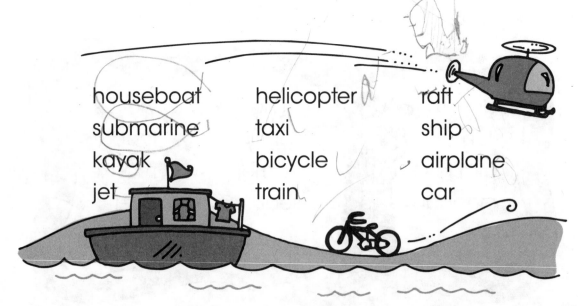

houseboat	helicopter	raft
submarine	taxi	ship
kayak	bicycle	airplane
jet	train	car

How's the Weather?

Directions: Find and circle the words in the puzzle.

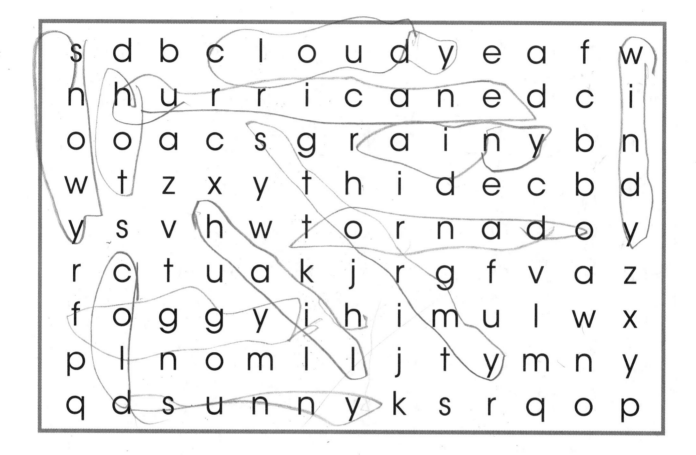

```
s d b c l o u d y e a f w
n h u r r i c a n e d c i
o o a c s g r a i n y b n
w t z x y t h i d e c b d
y s v h w t o r n a d o y
r c t u a k j r g f v a z
f o g g y i h i m u l w x
p l n o m l l j t y m n y
q d s u n n y k s r q o p
```

sunny ✓   tornado ✓
stormy   hurricane ✓
hot ✓   hail
foggy ✓   cloudy ✓
windy   snowy ✓
cold   rainy ✓

In the Bathroom

Directions: Find and circle the words in the puzzle.

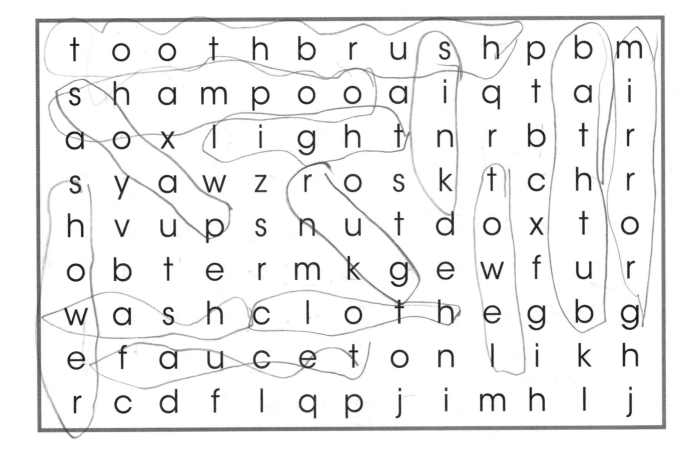

```
t o o t h b r u s h p b m
s h a m p o o a i q t a i
a o x l i g h t n r b t r
s y a w z r o s k t c h r
h v u p s n u t d o x t o
o b t e r m k g e w f u r
w a s h c l o t h e g b g
e f a u c e t o n l i k h
r c d f l q p j i m h l j
```

toothbrush   towel

mirror   faucet

soap   rug

sink   shampoo

bathtub   shower

washcloth   light

What's the Order?

Directions: Find and circle the words in the puzzle.

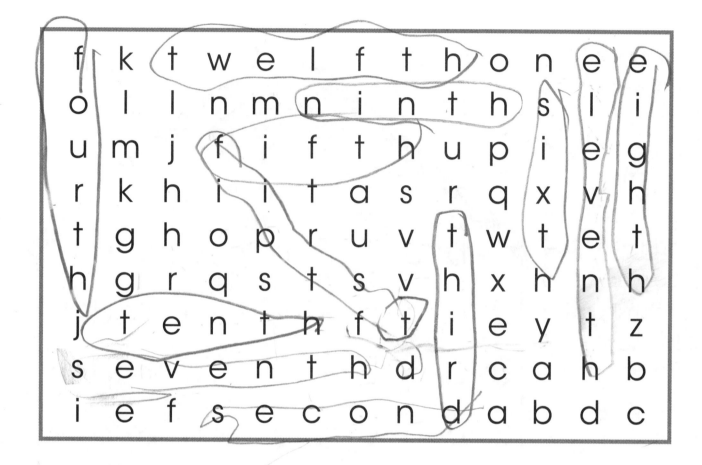

```
f  k  t  w  e  l  f  t  h  o  n  e  e
o  l  l  n  m  n  i  n  t  h  s  l  i
u  m  j  f  i  f  t  h  u  p  i  e  g
r  k  h  i  t  a  s  r  q  x  v  h
t  g  h  o  p  r  u  v  t  w  t  e  t
h  g  r  q  s  t  s  v  h  x  h  n  h
j  t  e  n  t  h  f  t  i  e  y  t  z
s  e  v  e  n  t  h  d  r  c  a  h  b
i  e  f  s  e  c  o  n  d  a  b  d  c
```

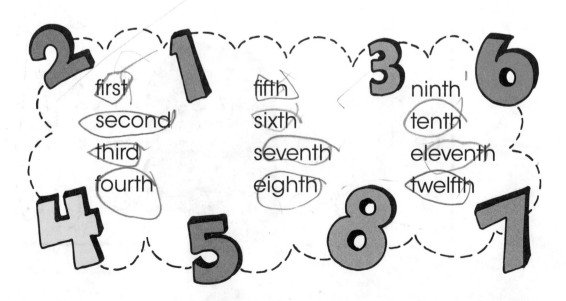

first   fifth   ninth
second   sixth   tenth
third   seventh   eleventh
fourth   eighth   twelfth

Breeds of Dogs

Directions: Find and circle the words in the puzzle.

terrier

poodle

chow

boxer

beagle

collie

pug

pointer

dachshund

bulldog

```
c o l l i e t
b u l l d o g e b
d a c h s h u n d d b
d a t e r r i e r p b
k c h o w s r p b o e
p o i n t e r h o o a
t u x a       i x d g
a h r i       e e l l
p u g o       e r e e
```

Let's Read

Directions: Find and circle the words in the puzzle.

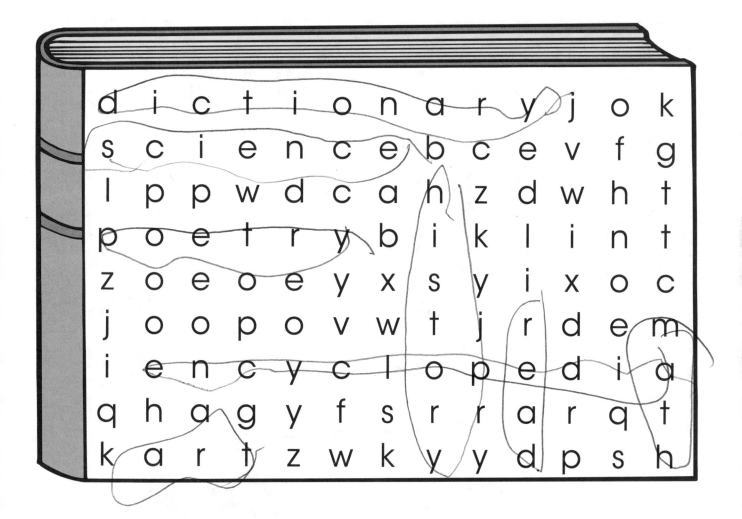

```
d i c t i o n a r y j o k
s c i e n c e b c e v f g
l p p w d c a h z d w h t
p o e t r y b i k l i n t
z o e o e y x s y i x o c
j o o p o v w t j r d e m
i e n c y c l o p e d i a
q h a g y f s r r a r q t
k a r t z w k y y d p s h
```

art ✓	math ✓	read ✓	history ✓
dictionary ✓	science ✓	poetry ✓	encyclopedia

It's the Opposite

Directions: Find and circle the words in the puzzle.

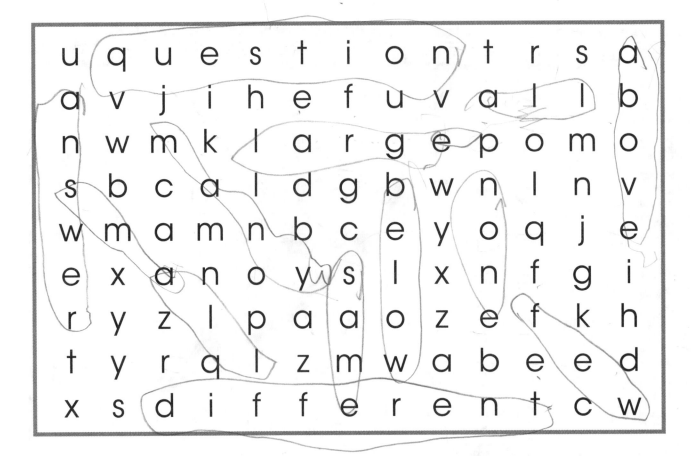

```
u q u e s t i o n t r s a
a v j i h e f u v a l l b
n w m k l a r g e p o m o
s b c a l d g b w n l n v
w m a m n b c e y o q j e
e x a n o y s l x n f g i
r y z l p a a o z e f k h
t y r q l z m w a b e e d
x s d i f f e r e n t c w
```

all   small
none   large

many   question
few   answer

same   above
different below

Verbs

Directions: Find and circle the words in the puzzle.

```
s w i m k s w u t p a r y
z t p j o m a v o q r e s
y a o n l g l a u g h a z
w s q u m l k w n m l d k
w t x i c l h a n s w e r
r e r g f h e x h i g h a
i c a t c h d y s e e j b
t s v c o l z e c t a c b
e t u s i n g e d f c r y
```

swim   catch   laugh
read   walk   taste
touch   answer   sing
write   see   cry

More Verbs

Directions: Find and circle the words in the puzzle.

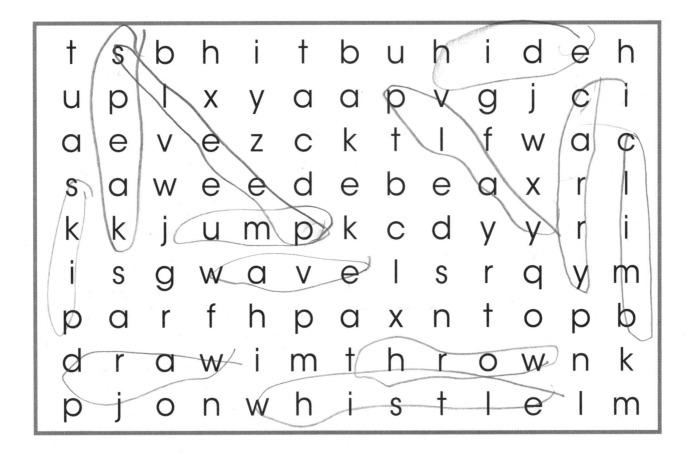

```
t  s  b  h  i  t  b  u  h  i  d  e  h
u  p  l  x  y  a  a  p  v  g  j  c  i
a  e  v  e  z  c  k  t  l  f  w  a  c
s  a  w  e  e  d  e  b  e  a  x  r  l
k  k  j  u  m  p  k  c  d  y  y  r  i
i  s  g  w  a  v  e  l  s  r  q  y  m
p  a  r  f  h  p  a  x  n  t  o  p  b
d  r  a  w  i  m  t  h  r  o  w  n  k
p  j  o  n  w  h  i  s  t  l  e  l  m
```

sleep
jump
speak
whistle

climb
hide
play
draw

throw
skip
carry
wave

Water Animals

Directions: Find and circle the words in the puzzle.

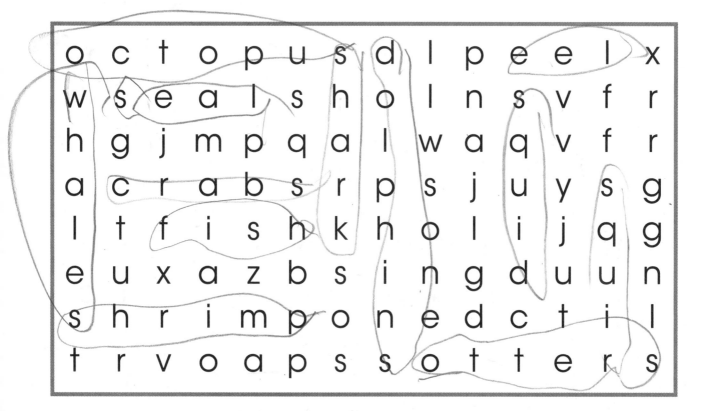

```
o c t o p u s d l p e e l x
w s e a l s h o l n s v f r
h g j m p q a l w a q v f r
a c r a b s r p s j u y s g
l t f i s h k h o l i j q g
e u x a z b s i n g d u u n
s h r i m p o n e d c t i l
t r v o a p s s o t t e r s
```

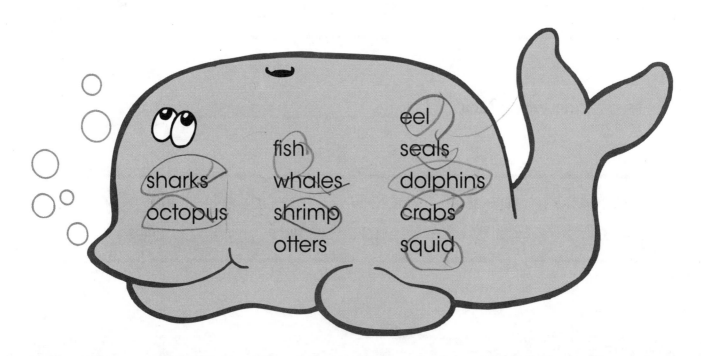

sharks   fish   eel

octopus   whales   seals

     shrimp   dolphins

     otters   crabs

         squid

At the Market

Directions: Find and circle the words in the puzzle. Can you find an extra word?

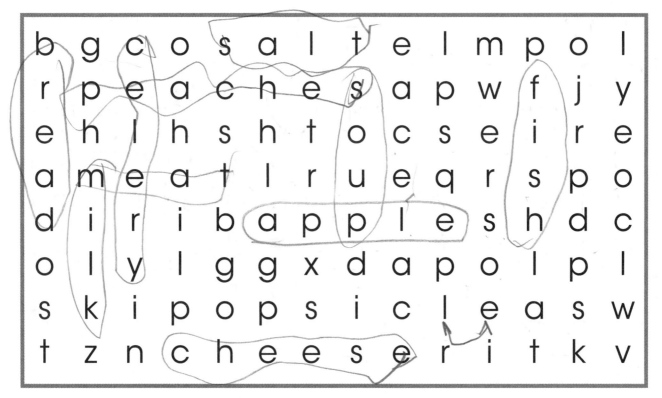

```
b g c o s a l t e l m p o l
r p e a c h e s a p w f j y
e h l h s h t o c s e i r e
a m e a t l r u e q r s p o
d i r i b a p p l e s h d c
o l y l g g x d a p o l p l
s k i p o p s i c l e a s w
t z n c h e e s e r i t k v
```

The extra word I found is ___candy___.

cheese	meat	celery	peaches	salt
bread	milk	soup	fish	apples

Tasty Compounds

Directions: Find and circle the words in the puzzle.

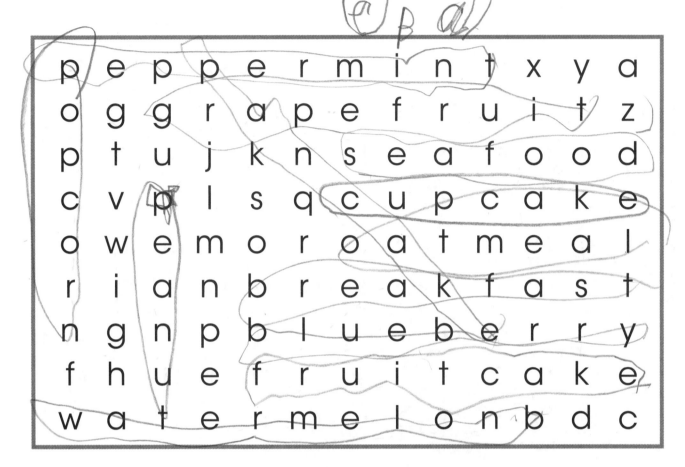

```
p e p p e r m i n t x y a
o g g r a p e f r u i t z
p t u j k n s e a f o o d
c v p l s q c u p c a k e
o w e m o r o a t m e a l
r i a n b r e a k f a s t
n g n p b l u e b e r r y
f h u e f r u i t c a k e
w a t e r m e l o n b d c
```

watermelon fruitcake peppermint

popcorn cupcake blueberry

pancake breakfast grapefruit

oatmeal peanut seafood

Vegetables

Directions: Find and circle the words in the puzzle.

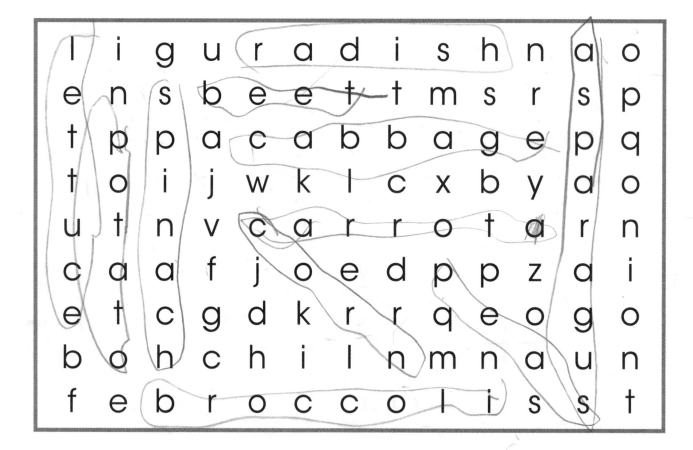

```
l i g u r a d i s h n a o
e n s b e e t t m s r s p
t p p a c a b b a g e p q
t o i j w k l c x b y a o
u t n v c a r r o t a r n
c a a f j o e d p p z a i
e t c g d k r r q e o g o
b o h c h i l n m n a u n
f e b r o c c o l i s s t
```

beet   carrot   potato
asparagus   spinach   peas
broccoli   radish   corn
lettuce   cabbage   onion

Things That Go

Directions: Find and circle the words in the puzzle.

```
c t r a c t o r r b s t u b
s f o r k l i f t e v f g i
u p m o t o r c y c l e o c
b e h f r e c d r t e r n y
w o s p e e d b o a t r d c
a o o p o v w t j t d y o l
y a c h t c l o p e a i l e
a m b u l a n c e m q x a s
k h e l i c o p t e r s i s
```

subway   gondola   ambulance
taxi   helicopter   speedboat
bicycle   tractor   yacht
ferry   forklift   motorcycle

In the House

Directions: Find and circle the words in the puzzle.

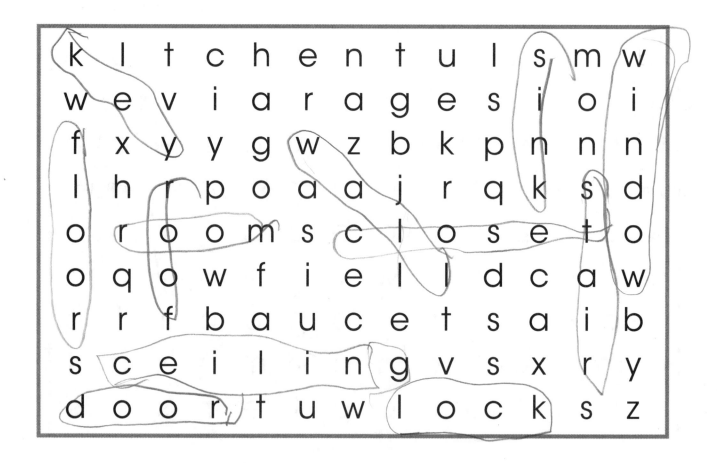

```
k  l  t  c  h  e  n  t  u  l  s  m  w
w  e  v  i  a  r  a  g  e  s  i  o  i
f  x  y  y  g  w  z  b  k  p  n  n  n
l  h  r  p  o  a  a  j  r  q  k  s  d
o  r  o  o  m  s  c  l  o  s  e  t  o
o  q  o  w  f  i  e  l  l  d  c  a  w
r  r  f  b  a  u  c  e  t  s  a  i  b
s  c  e  i  l  i  n  g  v  s  x  r  y
d  o  o  r  t  u  w  l  o  c  k  s  z
```

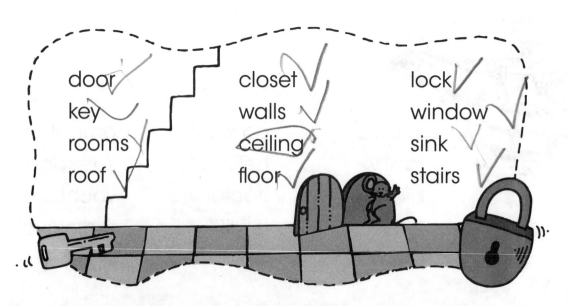

door   closet   lock
key   walls   window
rooms   ceiling   sink
roof   floor   stairs

Amazing Wheat

Have you ever thought about all the foods that come from wheat flour? Wheat flour is used to make bread. It is used to make some of the cereals you eat for breakfast. Wheat flour makes tasty cookies, cakes, and pancakes. And that's not all! Wheat flour is also used to make noodles like spaghetti and macaroni.

Directions: Find and circle the words in the puzzle.

wheat
cookie
flour
cake
bread
noodle
cereal
food

c	w	h	e	a	t	n
e	f	l	o	u	r	o
r	r	o	r	l	e	s	o
e	o	b	r	e	a	d
a	d	c	a	k	e	l
l	c	o	o	k	i	e

School Days

Directions: Find and circle the words in the puzzle.

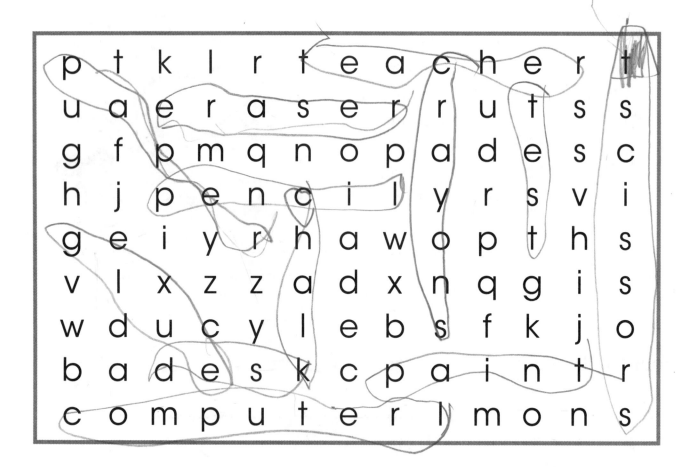

```
p t k l r t e a c h e r t
u a e r a s e r r u t s s
g f p m q n o p a d e s c
h j p e n c i l y r s v i
g e i y r h a w o p t h s
v l x z z a d x n q g i s
w d u c y l e b s f k j o
b a d e s k c p a i n t r
c o m p u t e r l m o n s
```

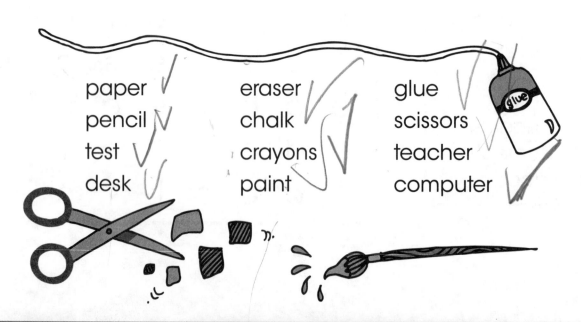

paper	eraser	glue
pencil	chalk	scissors
test	crayons	teacher
desk	paint	computer

ABC Compounds

Directions: Find and circle the words in the puzzle.

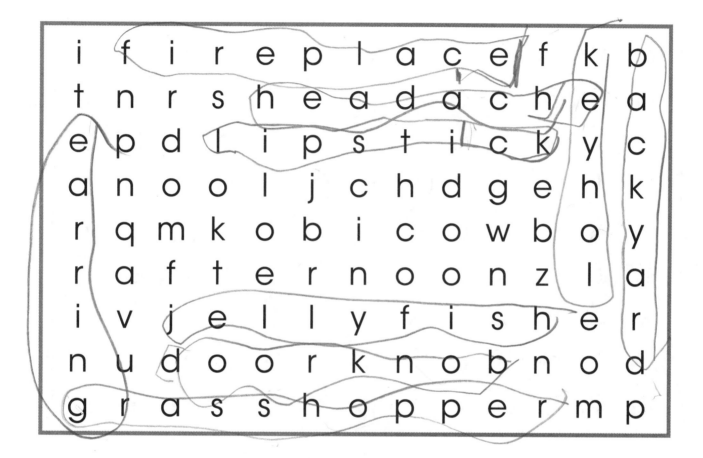

```
i f i r e p l a c e f k b
t n r s h e a d a c h e a
e p d l i p s t i c k y c
a n o o l j c h d g e h k
r q m k o b i c o w b o y
r a f t e r n o o n z l a
i v j e l l y f i s h e r
n u d o o r k n o b n o d
g r a s s h o p p e r m p
```

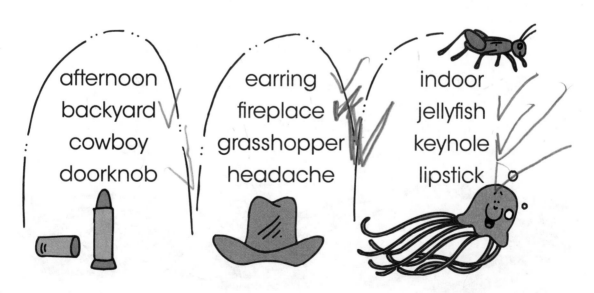

afternoon
backyard
cowboy
doorknob

earring
fireplace
grasshopper
headache

indoor
jellyfish
keyhole
lipstick

Animal Babies

Directions: Find and circle the words in the puzzle.

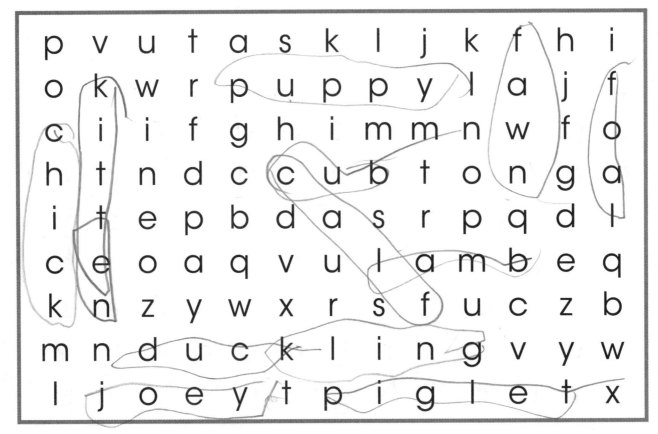

```
p v u t a s k l j k f h i
o k w r p u p p y l a j f
c i i f g h i m m n w f o
h t n d c c u b t o n g a
i t e p b d a s r p q d l
c e o a q v u l a m b e q
k n z y w x r s f u c z b
m n d u c k l i n g v y w
l j o e y t p i g l e t x
```

calf	joey	kid
cub	kitten	piglet
duckling	puppy	fawn
foal	lamb	chick

Sports

Directions: Find and circle the words in the puzzle.

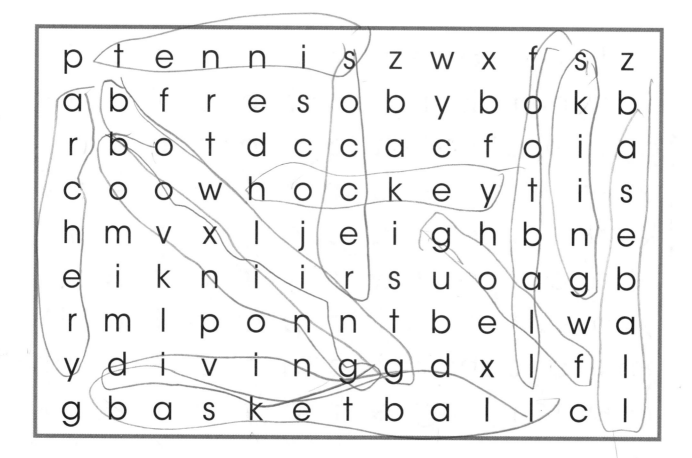

```
p  t  e  n  n  i  s  z  w  x  f  s  z
a  b  f  r  e  s  o  b  y  b  o  k  b
r  b  o  t  d  c  c  a  c  f  o  i  a
c  o  o  w  h  o  c  k  e  y  t  i  s
h  m  v  x  l  j  e  i  g  h  b  n  e
e  i  k  n  i  r  s  u  o  a  g  b
r  m  l  p  o  n  n  t  b  e  l  w  a
y  d  i  v  i  n  g  g  d  x  l  f  l
g  b  a  s  k  e  t  b  a  l  l  c  l
```

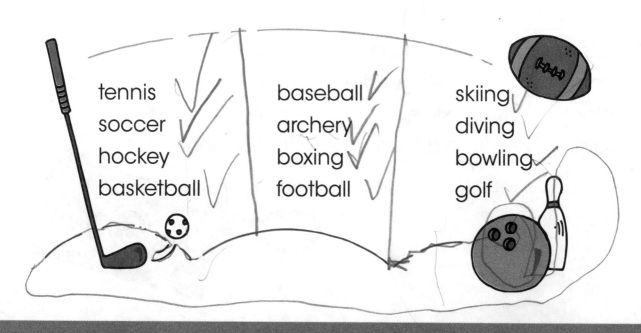

tennis
soccer
hockey
basketball

baseball
archery
boxing
football

skiing
diving
bowling
golf

Everyday Things

Directions: Find and circle the words in the puzzle.

```
c t r c a m e r a b i t t f
l s h r k l i l t e v r e f
o t m o v t w a y c a o l c
c e i f s e c m p l c v e n
k r i r e e d p o a u e p r
a e o r o v w t j t u n h a
y o b r f n l o p m m i o d
f l a s h l i g h t q x n i
r e f r i g e r a t o r e o
```

flashlight	camera	hose
iron	refrigerator	oven
clock	stereo	lamp
radio	vacuum	telephone

In the Desk

Directions: Find and circle the words in the puzzle.

```
j o p e n c i l m n g t c l
n f a n b f c x r x e a r p
l o p v e r a s e r m p a a
k p e n b v c x w k o e y i
m k r s t a p l e r v r o n
f r e l m n i j n b t n n t
m n o t e b o o k m h n s s
v r d c j o l p l o m n b f
```

pencil crayons eraser
paper notebook paints
stapler pen tape

Fruits

Directions: Find and circle the words in the puzzle.

```
p  s  t  r  a  w  b  e  r  r  i  e  s
k  e  m  f  n  i  a  o  p  k  l  a  c
l  j  a  o  r  a  n  g  e  e  b  n  h
a  l  g  c  h  f  a  e  p  c  a  m  e
p  e  i  g  h  j  n  d  p  c  o  r  r
p  m  h  p  g  r  a  p  e  s  d  e  r
l  o  g  r  a  p  e  f  r  u  i  t  i
e  n  w  a  t  e  r  m  e  l  o  n  e
r  a  s  p  b  e  r  r  i  e  s  b  s
```

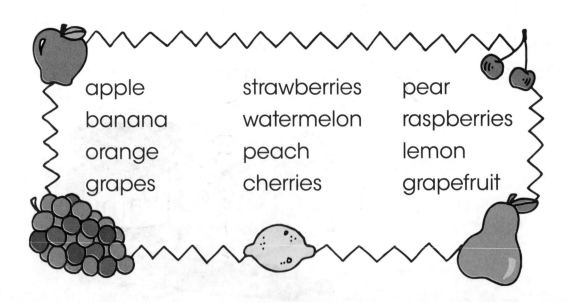

apple	strawberries	pear
banana	watermelon	raspberries
orange	peach	lemon
grapes	cherries	grapefruit

Living Things

Directions: Find and circle the words in the puzzle.

```
f  j  k  g  r  a  s  s  s  z  t  y  x  s
l  l  t  b  a  q  r  s  f  u  v  t  t
o  a  l  l  i  g  a  t  o  r  u  w  r
w  m  c  d  o  p  m  r  t  q  o  n  e
e  f  h  o  r  s  e  a  w  b  v  g  e
r  g  h  g  w  o  w  a  n  i  e  j  k
i  t  u  r  t  l  e  c  x  y  b  e  z
e  f  c  a  t  e  r  p  i  l  l  a  r
b  a  b  y  d  b  o  y  a  g  i  r  l
```

baby	horse	grass
boy	frog	bee
girl	turtle	caterpillar
tree	flower	alligator

Clothing

Directions: Find and circle the words in the puzzle.

```
s  s  j  a  c  k  e  t  j  g  h  f  b
w  d  w  t  f  s  r  k  l  p  i  s  o
e  p  e  i  g  s  h  o  r  t  s  o  o
a  a  h  y  m  v  h  m  q  n  o  c  t
t  n  x  z  w  s  u  o  b  z  a  k  s
e  t  d  i  j  c  u  b  e  l  t  s  x
r  s  h  v  k  p  o  i  q  s  y  t  v
c  r  a  i  n  c  o  a  t  r  s  u  w
a  b  t  u  l  e  m  n  d  r  e  s  s
```

shoe
raincoat
belt
shorts

dress
sweater
boots
jacket

swimsuit
socks
pants
hat

More Things That Go

Directions: Find and circle the words in the puzzle.

```
        v  t  r  a  c  t  o  r
        t  r  u  c  k  p  m  b
        q  t  r  a  i  n  s  u
        b  i  c  y  c  l  e  s
m  o  t  o  r  c  y  c  l  e  s  w  s  x
b  i  c  m  c  l  e  p  l  a  n  e  s  s
c  a  r  s  i  j  s  k  a  t  e  s  m  n
a  u  t  c  x  o  b  i  l  e  v  a  n  s
```

tractor	train	car	bus	van
plane	truck	bicycle	skates	motorcycle

In My Garden

Directions: Find and circle the words in the puzzle.
The words go → and ↓.

j	p	o	g	q	p	e	a	s	c
b	e	r	r	i	e	s	d	b	a
e	a	n	a	t	a	f	n	k	r
c	c	o	p	l	v	s	c	h	r
o	h	f	e	t	o	m	a	t	o
r	e	w	s	r	u	p	r	i	t
n	s	y	c	m	b	e	a	n	s

tomato   peaches

corn   grapes

beans   berries

carrots   peas

Awesome Animals

Directions: Find and circle the words in the puzzle. The words go → and ↓.

elephant	horse
giraffe	whale
alligator	snake
dolphin	zebra
turtle	monkey

q	h	w	b	j	t	u	r	t	l	e
m	o	n	k	e	y	k	g	p	c	l
i	r	s	p	g	i	r	a	f	f	e
g	s	l	d	o	f	w	o	n	l	p
z	e	b	r	a	f	h	e	r	h	h
d	a	l	l	i	g	a	t	o	r	a
m	f	r	u	d	o	l	p	h	i	n
s	n	a	k	e	r	e	v	a	k	t

School Tools

Directions: Find and circle the words in the puzzle.
The words go → and ↓.

pencil	paper	eraser	chalk	scissors
crayons	marker	book	glue	ruler

y	p	e	n	c	i	l	o	c
m	a	r	c	g	e	b	e	r
a	p	c	h	l	m	o	r	a
r	e	r	a	s	b	o	a	y
k	r	u	l	e	r	k	s	o
e	p	o	k	g	l	u	e	n
r	s	c	i	s	s	o	r	s

Name_____

Search and Circle

Directions: Fill in the blanks with dr, fr, gr, or tr. Find and circle the words in the puzzle.

1. ____ame

2. ____ain

3. ____uck

4. ____eam

5. ____ee

6. ____ive

7.  ____uit

8. ____ass

b	g	r	a	i	v	e	w
f	r	u	i	t	g	r	a
x	a	f	e	r	r	n	f
u	i	d	r	e	a	m	r
i	n	r	d	e	s	r	a
t	r	u	c	k	s	l	m
o	p	k	d	r	i	v	e

Color Word Search

Directions: Circle these color words: **red**, yellow, **blue**, **black**, **brown**, white, **green**, **purple**, and orange. The words can go across or down.

m	e	r	s	i	b	g	r
u	e	e	r	e	r	r	u
n	y	l	i	f	o	e	p
m	e	b	n	s	w	e	u
s	l	p	f	o	n	n	r
b	l	u	e	r	w	w	p
l	o	y	o	a	i	h	l
a	w	c	e	n	e	i	e
c	b	t	p	g	f	t	l
k	s	n	r	e	d	e	m

Hide and Seek

Directions: Fill in the blanks with **st**, **sn**, or **sm**. Then, circle each word in the puzzle.

1. _____ow

2. _____ile

3. _____oke

4.  _____ar

5. _____ail

6.  _____amp

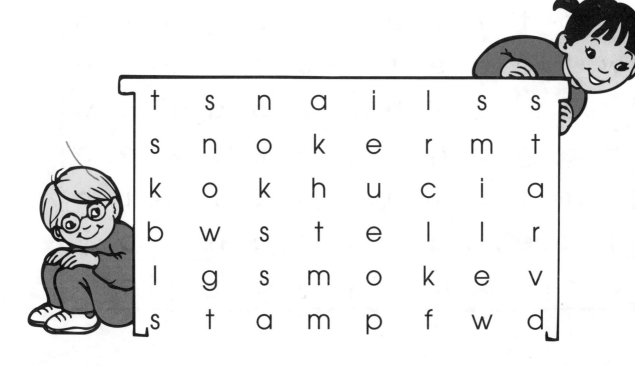

t	s	n	a	i	l	s	s	s
s	n	o	k	e	r	m	t	
k	o	k	h	u	c	i	a	
b	w	s	t	e	l	l	r	
l	g	s	m	o	k	e	v	
s	t	a	m	p	f	w	d	

Even More Fun!

Directions: Find the even number words hidden in the puzzle. Words go across, down, and diagonally. Use the Word Bank to help you.

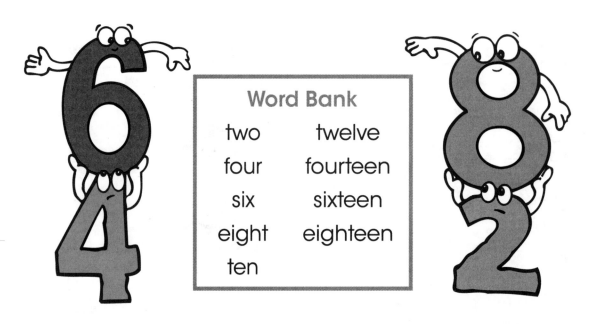

Word Bank

two	twelve
four	fourteen
six	sixteen
eight	eighteen
ten	

a	b	t	f	b	d	i	j	a	q	a	r	a
w	f	e	w	e	f	o	u	r	t	e	e	n
c	o	d	i	e	h	a	z	p	d	s	b	w
v	u	g	u	g	l	s	i	x	t	e	e	n
c	r	t	k	m	h	v	o	z	i	w	i	h
l	x	e	i	g	h	t	e	e	n	t	o	y
d	e	n	y	m	e	y	n	s	i	x	o	p

Hot and Cold

Directions: Read the clues. Then, find and circle the words in the puzzle.

```
i  b  u  y  h  i  n  a  l
d  r  b  o  t  t  o  m  i
i  l  e  v  p  t  r  k  t
r  g  o  n  r  i  g  h  t
t  x  z  e  i  y  m  f  l
y  o  u  n  g  h  c  w  e
s  j  b  e  f  o  r  e  m
```

Opposite of **after**
Opposite of **big**
Opposite of **old**
Opposite of **clean**
Opposite of **left**
Opposite of **top**

Sewing

Directions: Find and circle the words in the puzzle.

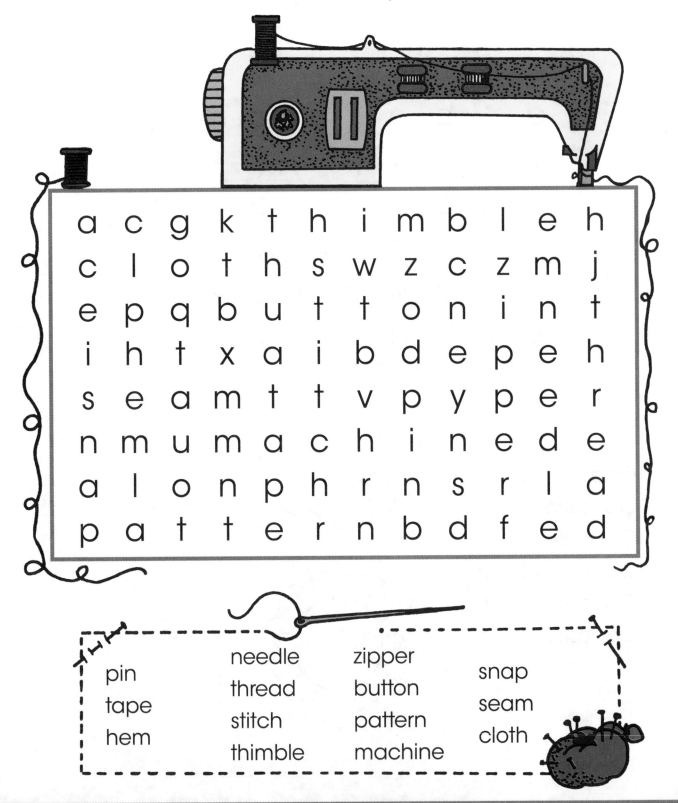

```
a c g k t h i m b l e h
c l o t h s w z c z m j
e p q b u t t o n i n t
i h t x a i b d e p e h
s e a m t t v p y p e r
n m u m a c h i n e d e
a l o n p h r n s r l a
p a t t e r n b d f e d
```

pin
tape
hem

needle
thread
stitch
thimble

zipper
button
pattern
machine

snap
seam
cloth

Snow Sports

Directions: Find and circle the words in the puzzle.

h	o	c	k	e	y	a	c	e	b	i	s
b	p	o	l	e	l	g	s	k	i	c	n
d	s	l	e	d	i	i	k	k	n	i	o
f	l	d	o	t	f	n	a	m	d	c	w
j	a	c	k	e	t	r	t	q	i	l	m
h	p	b	a	y	i	c	e	x	n	e	a
j	s	c	z	t	o	b	o	g	g	a	n
s	w	e	a	t	e	r	w	v	s	u	t

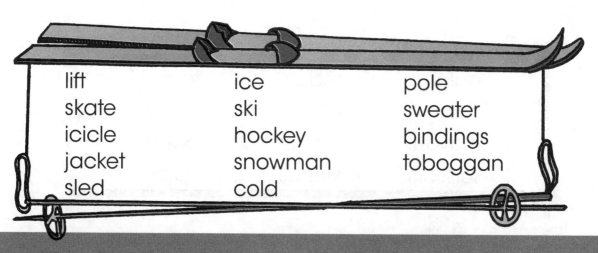

lift	ice	pole
skate	ski	sweater
icicle	hockey	bindings
jacket	snowman	toboggan
sled	cold	

Art

Directions: Find and circle the words in the puzzle.

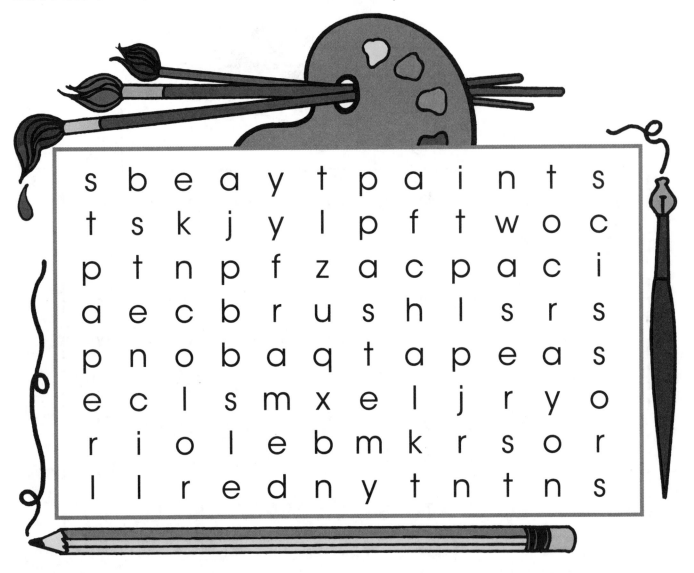

```
s  b  e  a  y  t  p  a  i  n  t  s
t  s  k  j  y  l  p  f  t  w  o  c
p  t  n  p  f  z  a  c  p  a  c  i
a  e  c  b  r  u  s  h  l  s  r  s
p  n  o  b  a  q  t  a  p  e  a  s
e  c  l  s  m  x  e  l  j  r  y  o
r  i  o  l  e  b  m  k  r  s  o  r
l  l  r  e  d  n  y  t  n  t  n  s
```

paint	red	tape
brush	chalk	paste
crayon	frame	paper
scissors	stencil	color

What's the Word?

Directions: Find and circle the words in the puzzle.

```
y g h u p y t i d r e o n m t c
d y c y i b y e l l w g y u l e
b o t a s r e y e t n m a o m f
c w s r j f l a d g h o w s e o
x l y n l k l y e s t n y a k
d y e h u p o y o u i m t a y y
v p a g e o w u n m j l u b i a
h k s o m p y o k e k m v c p m
g m t t c s y a r d c z y a p s
i l u r f k g u l f d u x o r e
```

yak	yawn	yes
yams	yeast	yet
yap	yell	yip
yard	yellow	yoke
yarn	yowl	yule
you		

Truckin' Along

Directions: Find and circle the words in the puzzle.

```
p t n d f h j u i v j d o l e
x r e j k e i s t y a o u z a
e o o j a d e p t u b c d j j
w a j u n g l e j u m p j j k
i c j o l l y j e e p s a o t
e d f j e l l y j o k e m g s
j f s g j e t j o k j a r r v
k g t h j o b k j l j u g t u
b a s d f j g h i l o p s y z
```

jump   jug   jolly
jade   jet   jog
joke   jungle   job
jelly   jar   jeeps
jab   jam

Insects

Directions: Find and circle the words in the puzzle.

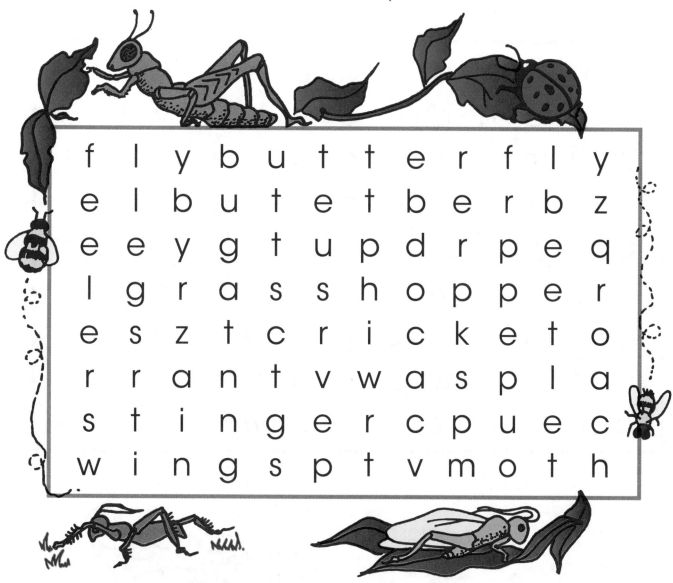

f	l	y	b	u	t	t	e	r	f	l	y
e	l	b	u	t	e	t	b	e	r	b	z
e	e	y	g	t	u	p	d	r	p	e	q
l	g	r	a	s	s	h	o	p	p	e	r
e	s	z	t	c	r	i	c	k	e	t	o
r	r	a	n	t	v	w	a	s	p	l	a
s	t	i	n	g	e	r	c	p	u	e	c
w	i	n	g	s	p	t	v	m	o	t	h

fly	legs	wasp	ant
bug	beetle	cricket	wings
moth	roach	stinger	feelers
butterfly			grasshopper

Sounds

Directions: Find and circle the words in the puzzle.

```
s p q n o s q u e a k u s
l b a n g d e y z x v w p
u u r i j f g c a p o s l
r z l k m c h b r q r t a
p z s t h u m p x a m l s
t s u t w v l h i s s n h
q p u r r z y c b e d h j
u r x v w a s n a r l g k
c l i n k g r o w l f i h
```

bang	splash
buzz	squeak
crash	clink
growl	thump
purr	snarl
hiss	slurp

Sizes

Directions: Find and circle the words in the puzzle.

```
c q r g i g a n t i c y z
o t m n l k j b h b x t a
l s s h o r t i i c w i l
o p m o u v a h u g d n i
s z a x c b w v u g e y t
s y l a t a l l t g p f t
a h l d k t l a r g e o l
l m i n i a t u r e n q e
f g i e m j s g i a n t r
```

big
colossal
giant
gigantic
huge
large

little
miniature
short
small
tall
tiny

Flowers

Directions: Find and circle the words in the puzzle.

```
m  l  l  i  l  y  a  v  i  o  l  e  t
a  o  j  k  p  s  e  r  d  c  b  z  a
l  t  i  h  f  f  e  n  i  w  y  p  p
s  u  n  f  l  o  w  e  r  x  t  o  a
b  s  c  g  o  d  d  a  i  s  y  p  n
r  v  s  r  p  q  n  o  s  l  m  p  s
u  o  t  m  a  r  i  g  o  l  d  y  y
f  h  s  i  d  a  f  f  o  d  i  l  k
e  g  d  e  c  j  b  t  u  l  i  p  a
```

rose
sunflower
iris
tulip

poppy
lily
marigold
violet

lotus
daffodil
pansy
daisy

Name_____

Ticket, Please!

Directions: Find and circle the words in the puzzle.

```
a l m j e f o p q d g u i
c f h i k f f c e b m n p
b e r t y s e v e n z c b
h o e r s j t e n l h n g
u x e t c d o n e t h i k
w f l n y x f e z h d i o
p i e i s t o i e r a u p
d v v n i w u g r e n k l
a e e e x o r h o e d f h
b c n d f g i t j l m n o
```

zero   four   eight
one   five   nine
two   six   ten
three   seven   eleven

TICKET

Nuts, Seeds, and Beans

Directions: Find and circle the words in the puzzle.

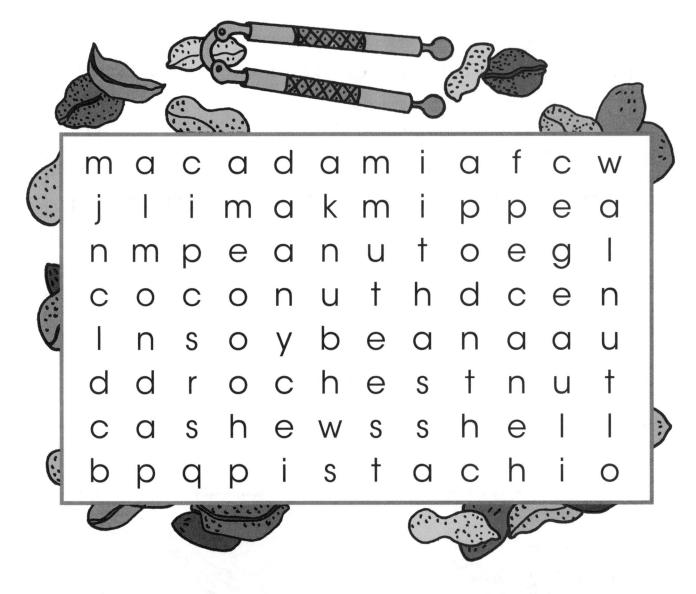

```
m a c a d a m i a f c w
j l i m a k m i p p e a
n m p e a n u t o e g l
c o c o n u t h d c e n
l n s o y b e a n a a u
d d r o c h e s t n u t
c a s h e w s s h e l l
b p q p i s t a c h i o
```

peanut
almond
soybean
lima
macadamia

pea
pecan
pod
walnut

pistachio
coconut
chestnut
cashew
shell

Feelings

Directions: Find and circle the words in the puzzle.

a	h	a	p	p	y	n	s	h	y	j	s	p
j	t	n	a	r	q	o	p	m	k	l	u	r
e	s	g	v	f	s	o	r	r	y	f	r	o
a	b	r	u	w	r	x	s	h	i	g	p	u
l	g	y	f	e	y	a	z	a	d	c	r	d
o	c	n	d	q	o	p	i	e	d	z	i	y
u	h	o	p	e	f	u	l	d	a	b	s	x
s	j	i	m	k	l	e	x	c	i	t	e	d
h	l	o	v	e	d	v	r	u	s	t	d	w

happy	jealous	angry
sad	loved	hopeful
shy	sorry	surprised
excited	proud	afraid

Space Age

Directions: Find and circle the words in the puzzle.

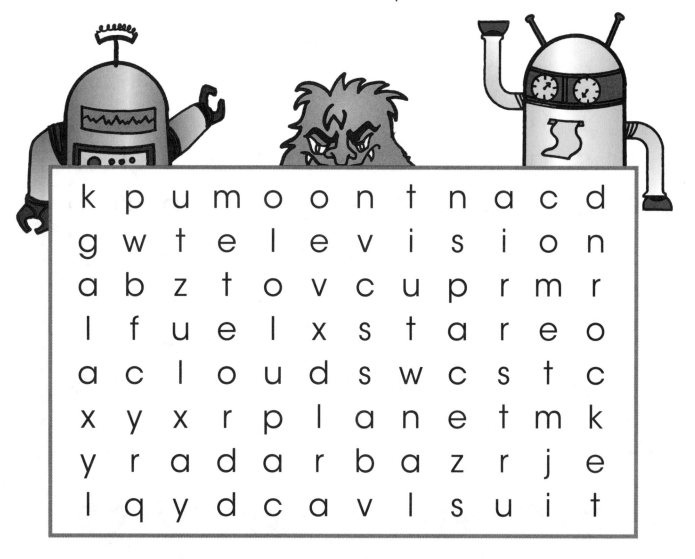

```
k p u m o o n t n a c d
g w t e l e v i s i o n
a b z t o v c u p r m r
l f u e l x s t a r e o
a c l o u d s w c s t c
x y x r p l a n e t m k
y r a d a r b a z r j e
l q y d c a v l s u i t
```

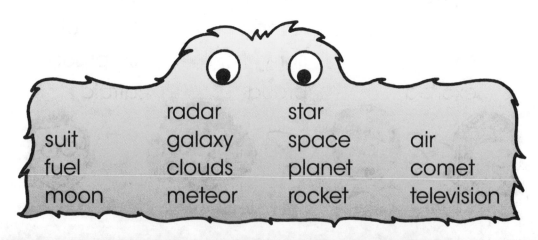

	radar	star	
suit	galaxy	space	air
fuel	clouds	planet	comet
moon	meteor	rocket	television

Community Helpers

Directions: Find and circle the words in the puzzle.

```
w n u r s e p l u m b e r
d x a z y t e a c h e r j
o c b c f j a p b l k i d
c l d a g h u c m d h b e
t e w u k r q d o e i a n
o r z v t e s n g f g r t
r k b u s d r i v e r b i
u m e c h a n i c t s e s
f i r e f i g h t e r r t
```

firefighter	clerk
doctor	judge
nurse	mechanic
bus driver	baker
dentist	plumber
teacher	barber

Tools

Directions: Find and circle the words in the puzzle.

```
f x d o z h p l e
u t r p s a w s k
n a i l s m r e c
r c l i c m e o p
y k l e r e n j d
p s c r e r c n m
d m n s w p h f e
b l p v z e o l s
h n j i l t h m o
```

screw	saw	drill	hammer
nails	tacks	wrench	pliers

Instruments

Directions: Find and circle the words in the puzzle.

```
h r q d r u m k f t u b a
s v i o l i n g z r a g b
h u j p b h y l e u y u f
t a o x n u f m d m c i l
i o r g a n g d e p z t u
i v j p w s r l a e b a t
p i a n o t p c e t v r e
m k q n r o u c e l l o w
g l s a x o p h o n e x f
```

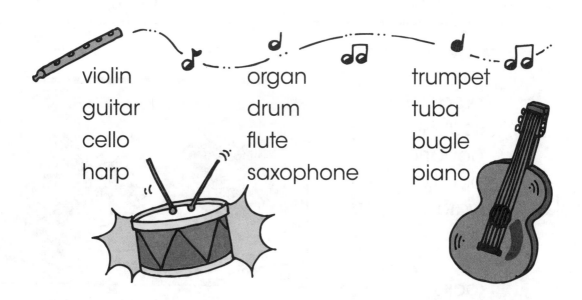

violin   organ   trumpet
guitar   drum   tuba
cello   flute   bugle
harp   saxophone   piano

Aquariums

Directions: Find and circle the words in the puzzle.

```
e m w a t e r s i q t a s t
t s c l e a r w e a q c j a
a b u b b l e s i u a y x c
b r e a t h e l a l o p d h
r o c k s c a r e f n o e u
p l a n t s i s e e i p n m
x a i r f u n i l y a n t o
b c p u m p s e r w e t s j
y i d s w i m u i o g h r k
t e f t g i l l j m h i o x
```

eat	fins
clear	breathe
pumps	scales
eye	aquariums
fun	plants
bubbles	water
gill	air
swim	tail
care	rocks

Find the Babies

Directions: Find and circle the words in the puzzle.

```
c u b c z m v t j o e y e d
h f l a m b l k p o r e w u
i o k l q f p u p o g r e c
c a i f d a m k b h y r f k
k l d g j w l o e s f l p l
k i t t e n o p u y h n v i
a w m k i j p l o i y h t n
h u y g p i g l e t p m k g
```

kid   calf   joey
kitten   cub   pup
chick   foal   duckling
lamb   fawn   piglet

Name_____

Bicycles

Directions: Find and circle the words in the puzzle.

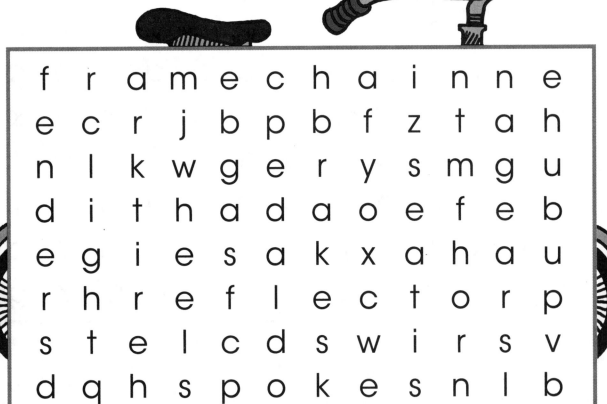

```
f  r  a  m  e  c  h  a  i  n  n  e
e  c  r  j  b  p  b  f  z  t  a  h
n  l  k  w  g  e  r  y  s  m  g  u
d  i  t  h  a  d  a  o  e  f  e  b
e  g  i  e  s  a  k  x  a  h  a  u
r  h  r  e  f  l  e  c  t  o  r  p
s  t  e  l  c  d  s  w  i  r  s  v
d  q  h  s  p  o  k  e  s  n  l  b
```

	hub	tire	
seat	pedal	light	horn
chain	spokes	gears	frame
brakes	fenders	wheels	reflector

Camping

Directions: Find and circle the words in the puzzle.

```
g b i b s t e n t j r d
s o f f l s k e j u t c
t o i o a w s l a s e a
o t r o p e q x c w c m
v s e d p a c k k y l e
e h u m a t c h e s o r
h f w a t e r b t p t a
e i n p d r c o a z h c
```

map
tent
rope

stove
water
jacket
camera

fire
food
sweater
matches

pack
boots
cloth

Way to Go!

Directions: Find and circle the words in the puzzle.

```
s g a b g t h o v i w a k l o h
f t r u c k e l e v a t o r n e
s s h i p e s c a l a t o r b c
u b o a t c a b l e c a r s h w
p t a x i s c h o o l b u s e g
x t r a i n s a i r p l a n e v
o t r a m h e l i c o p t e r a
f s u b w a y m o n o r a i l n
n o s b u s o e f a c a b t p s
y n e c a r u n f t j e t o i e
```

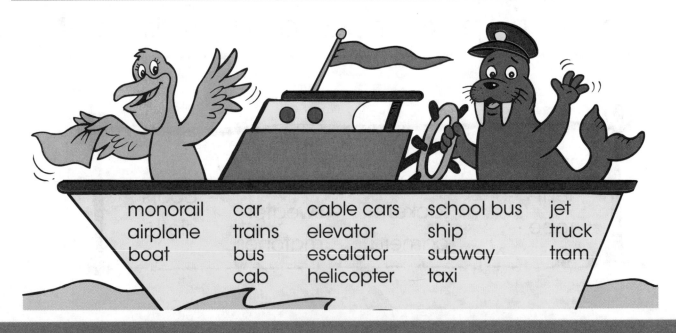

monorail	car	cable cars	school bus	jet
airplane	trains	elevator	ship	truck
boat	bus	escalator	subway	tram
	cab	helicopter	taxi	

Name_____

Grammar

Directions: Find and circle the words in the puzzle.

c	a	p	i	t	a	l	v	w	m	q	k
b	d	h	l	v	e	r	b	n	o	u	i
d	v	j	n	r	t	q	u	o	t	e	s
s	e	n	t	e	n	c	e	u	q	s	g
p	r	o	n	o	u	n	u	n	s	t	e
f	b	p	s	u	b	j	e	c	t	i	c
p	h	r	a	s	e	p	e	r	i	o	d
e	x	c	l	a	m	a	t	i	o	n	a

noun	phrase	capital
pronoun	sentence	exclamation
subject	verb	quotes
adverb	period	question

Word Searches

Front of the Class   211

Buildings and Homes

Directions: Find and circle the words in the puzzle.

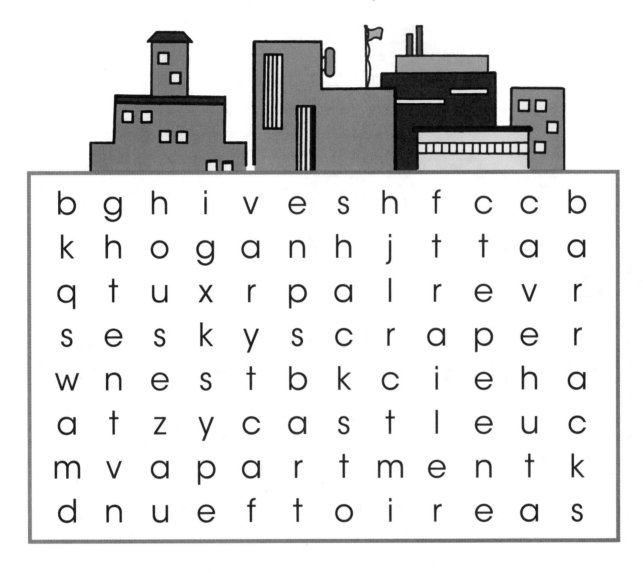

b	g	h	i	v	e	s	h	f	c	c	b
k	h	o	g	a	n	h	j	t	t	a	a
q	t	u	x	r	p	a	l	r	e	v	r
s	e	s	k	y	s	c	r	a	p	e	r
w	n	e	s	t	b	k	c	i	e	h	a
a	t	z	y	c	a	s	t	l	e	u	c
m	v	a	p	a	r	t	m	e	n	t	k
d	n	u	e	f	t	o	i	r	e	a	s

hut	nest	hive	tent
cave	tepee	house	shack
hogan	castle	apartment	trailer
skyscraper			barracks

Boats

Directions: Find and circle the words in the puzzle.

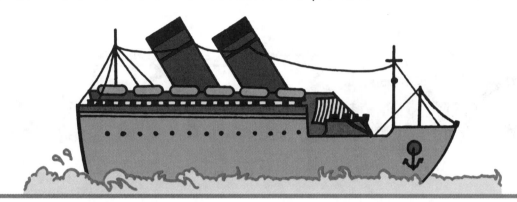

f	a	d	s	t	a	r	b	o	a	r	d
c	n	b	o	o	m	g	z	k	r	b	s
o	c	a	l	w	h	e	e	l	u	f	a
m	h	r	n	t	l	x	m	y	d	k	i
p	o	g	t	g	c	e	a	j	d	q	l
a	r	e	u	n	a	b	s	t	e	r	n
s	h	i	p	p	o	r	t	h	r	i	p
s	p	o	g	k	b	g	l	t	u	g	r

sail		ship
anchor	boom	starboard
rudder	wheel	barge
tug	compass	port
mast		stern

Machines

Directions: Find and circle the words in the puzzle.

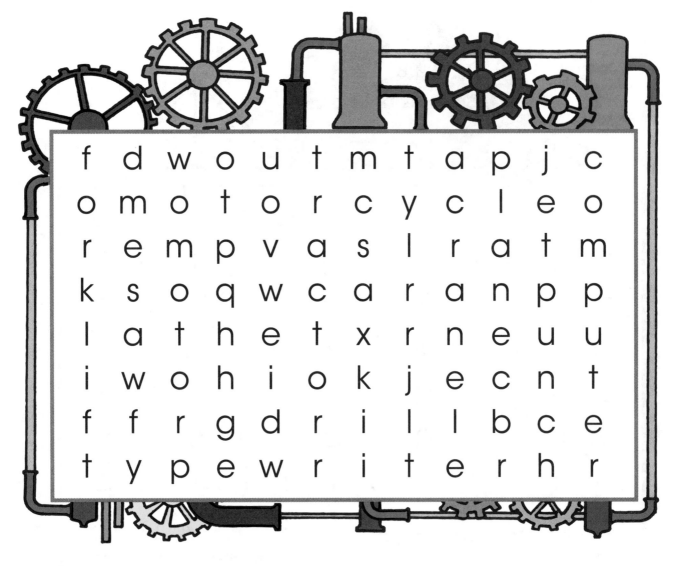

```
f  d  w  o  u  t  m  t  a  p  j  c
o  m  o  t  o  r  c  y  c  l  e  o
r  e  m  p  v  a  s  l  r  a  t  m
k  s  o  q  w  c  a  r  a  n  p  p
l  a  t  h  e  t  x  r  n  e  u  u
i  w  o  h  i  o  k  j  e  c  n  t
f  f  r  g  d  r  i  l  l  b  c  e
t  y  p  e  w  r  i  t  e  r  h  r
```

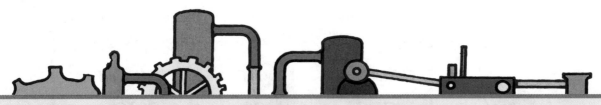

car	drill	crane	tractor	computer
plane	typewriter	saw	motor	punch
motorcycle	jet	lathe	forklift	

Water Sports

Directions: Find and circle the words in the puzzle.

r	o	p	e	s	d	p	a	d	d	l	e
w	e	p	u	p	k	s	q	t	x	s	c
e	r	o	w	e	t	s	u	i	t	k	i
i	f	l	o	a	t	m	a	s	k	i	o
g	f	o	l	r	p	v	l	j	n	i	q
h	d	i	v	i	n	g	u	w	i	n	m
t	h	o	x	y	g	e	n	n	f	g	g
s	w	i	m	m	i	n	g	b	e	z	a

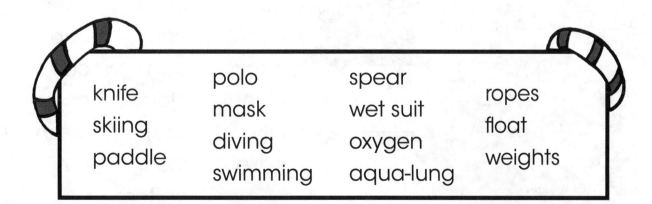

knife
skiing
paddle

polo
mask
diving
swimming

spear
wet suit
oxygen
aqua-lung

ropes
float
weights

Careful!

Directions: Find and circle the words in the puzzle.

```
d i o e c r b z w c n p q t e a
b h j e c a r r o t c o r f g i
m r m c c l o c k c o f d u w j
s i n x c h a i r o b c s c r h
a c c c c a k e c t c c o l o r
v o a l c h o p u t i c l e a n
p o s a c o s t p o t c h e s t
t k t m c r a s h n y c l o u d
m n b c o t f h g o t c a t m s
c b r c a n j i e c t c u t o e
```

cot	clam	cast
cat	color	chest
carrot	cook	cob
chair	can	cup
clean	cloud	chop
city	cost	crash
cake	clock	cut
	cotton	

Rocks and Minerals

Directions: Find and circle the words in the puzzle.

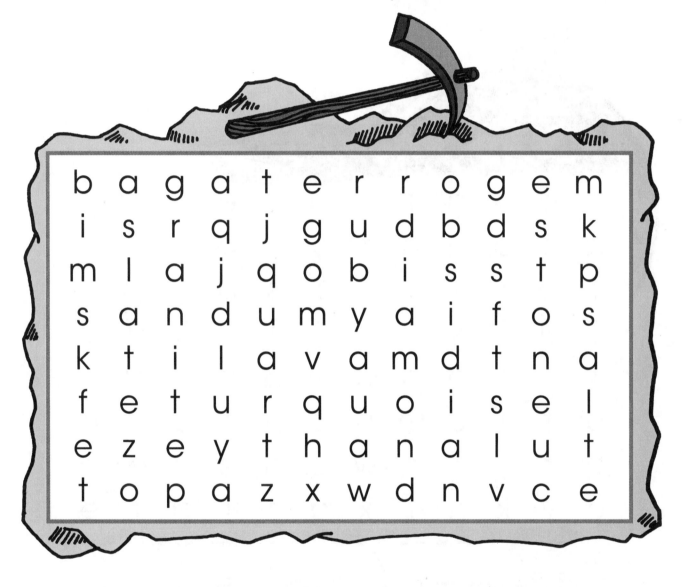

```
b a g a t e r r o g e m
i s r q j g u d b d s k
m l a j q o b i s s t p
s a n d u m y a i f o s
k t i l a v a m d t n a
f e t u r q u o i s e l
e z e y t h a n a l u t
t o p a z x w d n v c e
```

slate	gem	ruby
agate	lava	topaz
salt	sand	quartz
granite	stone	diamond
obsidian		turquoise

Geography

Directions: Find and circle the words in the puzzle.

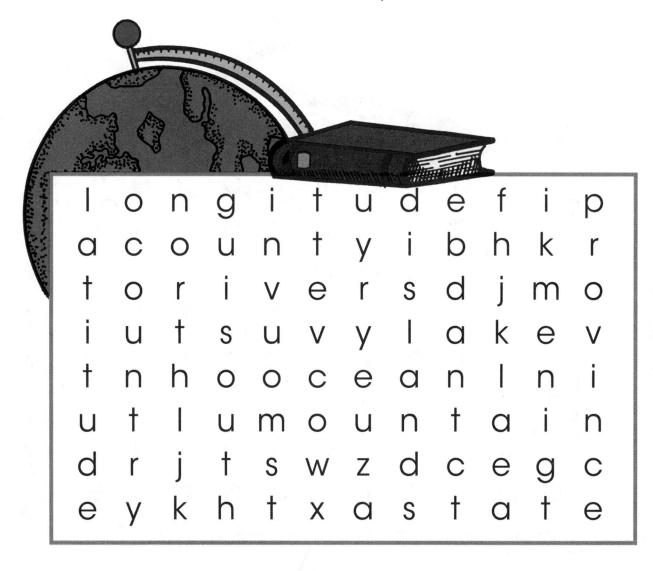

```
l o n g i t u d e f i p
a c o u n t y i b h k r
t o r i v e r s d j m o
i u t s u v y l a k e v
t n h o o c e a n l n i
u t l u m o u n t a i n
d r j t s w z d c e g c
e y k h t x a s t a t e
```

state
lake
latitude
river
country
north
longitude
ocean
mountain
south
island
county
province

Mammals

Directions: Find and circle the words in the puzzle.

```
a c h i m p a n z e e c a
d b e l g j n g i d b r z
o w d f i k t h f e c a t
l c h h w s e a l d y c v
p u z a y x a j k o x c w
h t v a l n t i a g f o t
i s p r o e e m p p u o s
n b a t j n r o e q r n x
l h m i k p o r p o i s e
```

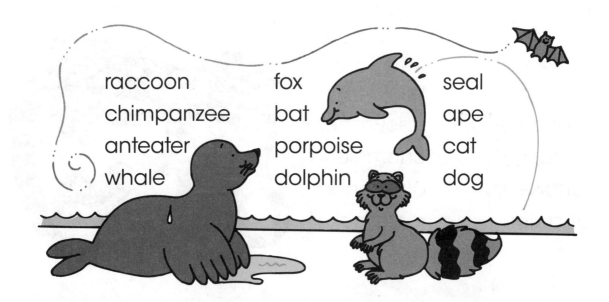

raccoon   fox   seal

chimpanzee   bat   ape

anteater   porpoise   cat

whale   dolphin   dog

Reptiles

Directions: Find and circle the words in the puzzle.

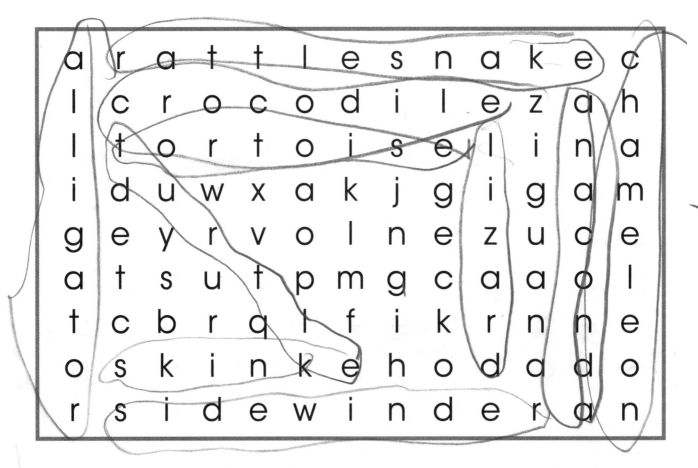

```
a r a t t l e s n a k e c
l c r o c o d i l e z a h
l t o r t o i s e l i n a
i d u w x a k j g i g a m
g e y r v o l n e z u c e
a t s u f p m g c a a o l
t c b r q f i k r n n e
o s k i n k e h o d a d o
r s i d e w i n d e r a n
```

turtle   gecko
iguana   skink
crocodile sidewinder
lizard   chameleon
tortoise anaconda
alligator rattlesnake

Birds

Directions: Find and circle the words in the puzzle.

```
c h i c k a d e e a c h g
i j k d a e a g l e s d o
o n b l u w s w a n p f o
d w c m x c u t b i a e s
e f l g y v k p a r r o t
h p e n g u i n s r r j r
w o o d p e c k e r o k i
z f l a m i n g o l w n c
b l u e b i r d q m p o h
```

chickadee   parrot   eagle

sparrow   owl   flamingo

bluebird   duck   ostrich

woodpecker   penguin   swan

Insects

Directions: Find and circle the words in the puzzle.

```
g r a s s h o p p e r t d
p q l n k t e r m i t e r
o m n j t h i g w l u x a
m o s q u i t o s a v y g
o r o s p t q f r d s w o
t c r i c k e t e y z p n
h n b e e t l e c b a h f
m h o r n e t l d u g b l
f i r e f l y k f g i j y
```

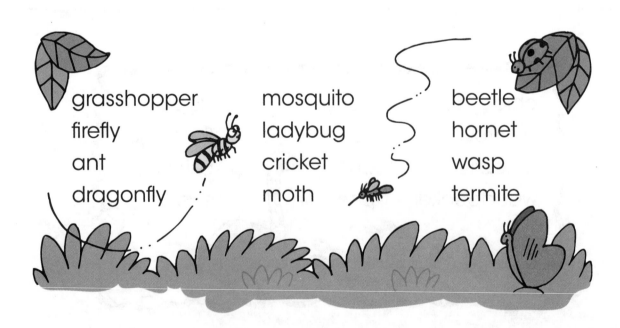

grasshopper   mosquito   beetle
firefly   ladybug   hornet
ant   cricket   wasp
dragonfly   moth   termite

Fun with Homophones

Homophones are words that sound the same but have different meanings and usually have different spellings.

Directions: Read the list of homophones and circle the words in the puzzle.

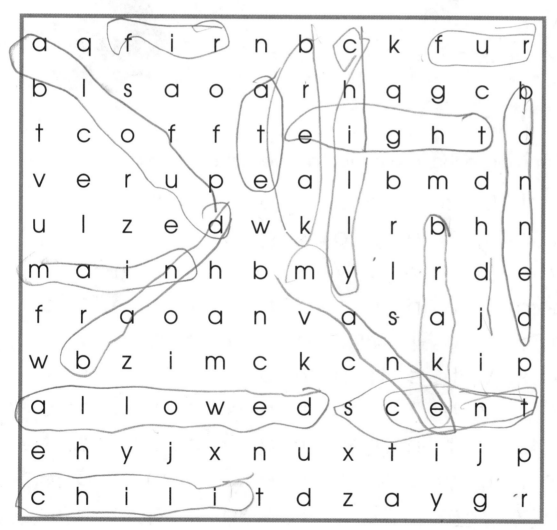

a	q	f	i	r	n	b	c	k	f	u	r
b	l	s	a	o	a	r	h	q	g	c	b
t	c	o	f	f	t	e	i	g	h	t	a
v	e	r	u	p	e	a	l	b	m	d	n
u	l	z	e	d	w	k	l	r	b	h	n
m	a	i	n	h	b	m	y	l	r	d	e
f	r	a	o	a	n	v	a	s	a	j	d
w	b	z	i	m	c	k	c	n	k	i	p
a	l	l	o	w	e	d	s	c	e	n	t
e	h	y	j	x	n	u	x	t	i	j	p
c	h	i	l	i	t	d	z	a	y	g	r

allowed
aloud
ate
eight
band
banned
chili
chilly
cent
scent
brake
break
fir
fur
main
mane

Opposites Attract!

Directions: Match each word with its antonym.

even   odd

over   smile

frown   optional

slow   big

stale   under

necessary   fresh

small   brisk

Directions: Find and circle the words listed above in the puzzle below.

```
b t w o j v z i m a f b k c x h s e
p f i u n f l e j o w g e c d p m q
s l o w e u o f o y x x b i g h a i
t h r h c r h n r f d n r l s b l a
a a q g e u g j v o p t i o n a l k
l l r v s v h e g n w o s p y b s z
e s o v s f e l d c r n k t r n s e
s k d w a f r n f v m q u o d t m t
u n d e r u y t z f r e s h m p d c
j i m l y s m i l e f x g p q u n b
```

Prim and Proper

country	shoe	toy	teacher	store
friend	game	book	holiday	cat

```
c  a  w  p  t  w  b  f  n  f
m  o  q  l  o  c  i  o  s  r
d  x  u  f  y  g  c  a  t  i
r  o  j  n  e  r  a  p  o  e
y  t  a  e  t  d  q  m  r  n
z  b  g  b  m  r  k  u  e  d
h  o  l  i  d  a  y  n  v  c
v  o  k  l  g  h  s  h  o  e
t  k  j  m  s  x  a  t  z  y
u  i  h  t  e  a  c  h  e  r
```

Proper nouns begin with capital letters. They name a specific person, place, or thing. Write a proper noun for each.

1. country __Canada__

2. friend _____

3. shoe _____

4. game _____

5. toy _____

6. book _____

7. teacher _____

8. holiday _____

9. store _____

10. cat _____

Fruit Fun

Directions: Unscramble the names of the fruits. Use the Word Box to help you. Then, find and circle the words in the puzzle. They may go across or down.

lapep _____   genaro _____

nemol _____   lomen _____

presag _____   crehyr _____

notucco _____   phace _____

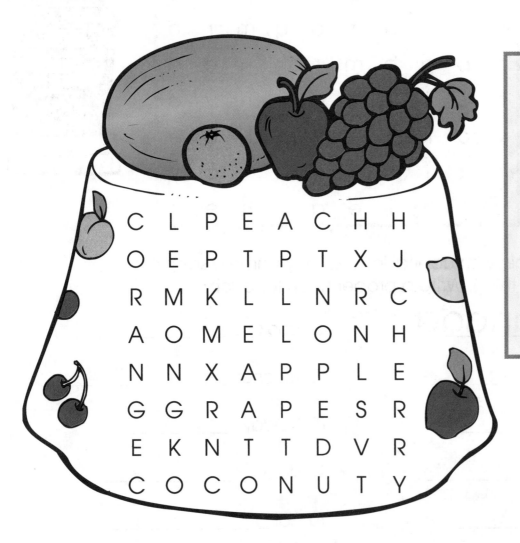

C L P E A C H H
O E P T P T X J
R M K L L N R C
A O M E L O N H
N N X A P P L E
G G R A P E S R
E K N T T D V R
C O C O N U T Y

Word Box

cherry
coconut
lemon
peach
melon
orange
apple
grapes

My Father's Dragon

Directions: Read the book report. Circle the **bold words** in the puzzle. They may go across or down.

My Father's Dragon
by Ruth Stiles Gannett

This book is about a boy named **Elmer**. He runs away from home to **rescue** a baby **dragon**. The dragon is a **prisoner** on an **island** full of wild **animals**. Elmer saves the dragon and the island. This story is very exciting!

```
Y  R  E  P  F  R  E  I
N  A  X  R  K  E  S  S
L  N  C  I  Y  S  C  L
M  I  I  S  Y  C  A  A
F  M  T  O  R  U  P  N
M  A  M  N  L  E  E  D
E  L  M  E  R  N  S  G
K  S  D  R  A  G  O  N
```

Catch That Fish

The words below have the **sh** or **ch** sound. Write the words from the Word Box in the boxes. Then, circle the words in the puzzle. They may go across or down.

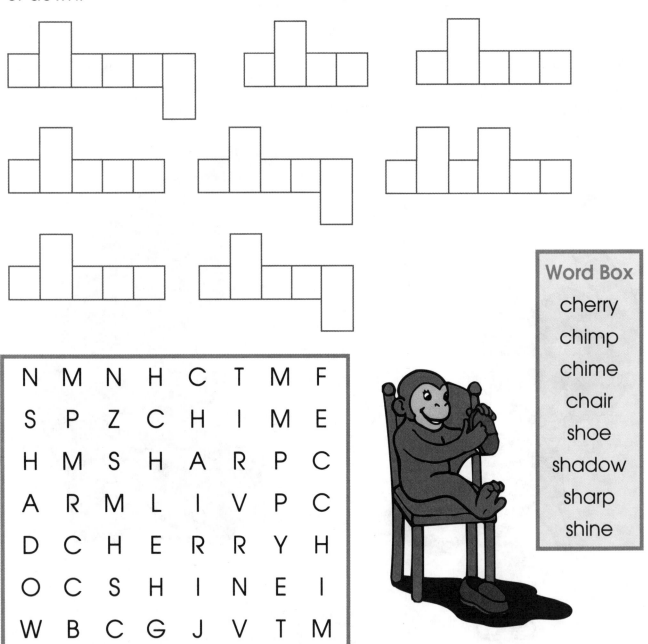

Word Box

cherry

chimp

chime

chair

shoe

shadow

sharp

shine

N	M	N	H	C	T	M	F
S	P	Z	C	H	I	M	E
H	M	S	H	A	R	P	C
A	R	M	L	I	V	P	C
D	C	H	E	R	R	Y	H
O	C	S	H	I	N	E	I
W	B	C	G	J	V	T	M
P	X	B	S	H	O	E	P

We're Off!

Directions: Unscramble the words from the Word Box. Then, circle the words in the puzzle. They may go across or down.

alwk _____

oyb _____

nchul _____

ooslch _____

oogd-yeb _____-_____

lrig _____

rppae _____

okob _____

A	T	S	B	L	O	G	T
M	G	O	O	D	B	Y	E
B	I	G	Y	G	S	S	W
O	R	X	R	A	C	U	A
O	L	U	N	C	H	M	L
K	A	K	C	B	O	A	K
L	M	D	E	O	O	L	G
P	A	P	E	R	L	D	S

Word Box

book

boy

girl

good-bye

lunch

paper

school

walk

In the Bakery

Yum! Circle the bakery words in the puzzle below. They may go across or down. Then, write the uncircled letters from the puzzle to find the answer to the riddle.

muffins   strudel   bread

pies   bagels   pastries

A grouchy baker makes   c r a b   ___ ___ ___ ___ ___ ___ !

```
P A S T R I E S
I B A G E L S C
E M U F F I N S
S T R U D E L A
B R E A D K E S
```

My Body

Directions: Draw a line from each word to where it is on the body. Then, circle the words in the puzzle. They may go across or down.

head

neck

chest

elbow

waist

knee

ankle

heel

T	T	E	H	E	A	D	K
N	A	L	N	E	C	K	H
F	N	B	N	R	H	R	E
K	K	O	K	N	E	E	E
Y	L	W	A	I	S	T	L
Z	E	L	D	Y	T	Q	F

Tiny Bird

Directions: Read the poem. Circle the bold words in the puzzle. They may go across or down.

A Tiny Bird

A tiny **bird** could be heard,
Early in the **morning**,
"Chirp! Chirp! **Catch** a **worm**,
For my **breakfast plate**!"

A tiny worm could be **heard**,
Early in the morning,
"Zzz! Zzz! Stay in bed,
Better **sleep** real **late**!"

—Marsha Elyn Wright

M O R N I N G K S E M
B S L E E P T X F L C
I X N P L A T E L A A
R B R E A K F A S T T
D N E A R L Y R T E C
S H E A R D W O R M H

Color Hunt

Directions: Unscramble the color words. Use the Word Box to help you. Then, circle the words in the puzzle. They may go across or down.

ergen _____

elub _____

wornb _____

dre _____

grenao _____

clkab _____

prelup _____

lewloy _____

theiw _____

kinp _____

Word Box

purple

white

pink

orange

brown

green

blue

black

red

yellow

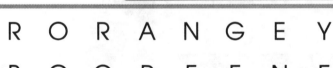

R	O	R	A	N	G	E	Y
B	Q	G	R	E	E	N	E
L	T	P	R	W	R	B	L
A	W	H	I	T	E	L	L
C	P	I	N	K	D	U	O
K	P	U	R	P	L	E	W
V	Z	N	B	R	O	W	N

Giving Trees

Directions: Read the words below. These things all come from trees! Circle these words in the puzzle. They may go across or down.

syrup
fruit
nuts

lumber
furniture
paper

medicine
shelter
rubber

P	S	H	E	L	T	E	R	F
A	R	U	B	B	E	R	L	R
P	K	N	U	T	S	L	U	U
E	S	Y	R	U	P	W	M	I
R	N	M	M	V	J	B	T	
M	E	D	I	C	I	N	E	D
F	U	R	N	I	T	U	R	E

Making Dinner

Directions: Unscramble the words from the Word Box. Then, circle the words in the puzzle. They may go across or down.

atc _____   ogd _____

albte _____   nos _____

othrem _____   lssag _____

dofo _____   lobw _____

uhose _____   ptela _____

Word Box

bowl

cat

dog

food

glass

house

mother

plate

son

table

M	O	T	H	E	R	B	S
O	R	B	G	A	T	W	N
H	L	A	R	C	N	O	O
U	P	L	A	T	E	L	D
S	O	E	F	O	O	D	O
E	G	L	A	S	S	X	G

Farm Babies

Directions: Write the name of each baby animal from the Word Box next to its mother. Then, circle the names of the babies in the puzzle. They may go across or down.

cow _____   duck _____   horse _____

sheep _____   pig _____   hen _____

cat _____   dog _____   goat _____

Word Box

calf	chick	duckling	foal	kid
kitten	lamb	piglet	puppy	

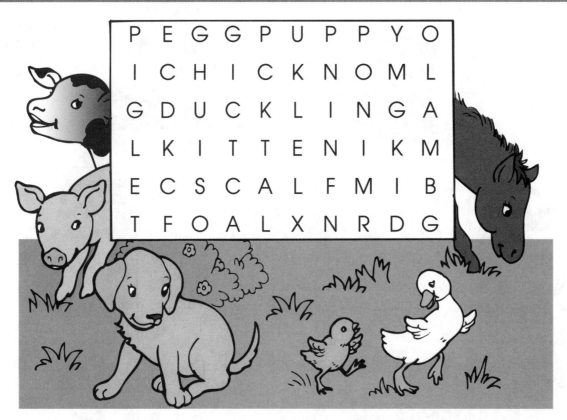

```
P E G G P U P P Y O
I C H I C K N O M L
G D U C K L I N G A
L K I T T E N I K M
E C S C A L F M I B
T F O A L X N R D G
```

One Big Family

Directions: Draw a line from each family name to its matching picture. Then, circle the names in the puzzle. They may go across or down.

mother   father   grandpa   grandma

sister   brother   baby   puppy

```
G L S I S T E R
R Y T B P N X F
A G R A N D P A
N Q L B H B G T
D N T Y Z M Y H
M P U P P Y G E
A N M O T H E R
B R O T H E R X
```

What?

Directions: Read the tongue twister. Circle the **bold words** in the puzzle. They may go across, down, or diagonally.

How **much** wood **would** a woodchuck **chuck**
if a **woodchuck could** chuck **wood**?

```
W  X  P  M  U  C  H  W  N  P
J  O  C  D  W  Q  H  O  H  N
F  W  O  O  D  C  H  U  C  K
M  D  U  D  D  K  B  L  C  J
M  M  L  R  G  X  H  D  V  K
K  K  D  L  R  V  F  T  K  M
```

Word Searches

Just Do It!

Directions: Unscramble the verbs (action words). Use the Word Box to help you. Then, circle the words in the puzzle. They may go across, down, or diagonally.

glauh _____   thosu _____

danst _____   klaw _____

nikrd _____   kolo _____

slenti _____   blidu _____

Word Box

build
stand
look
walk
laugh
shout
drink
listen

D	F	Z	L	A	U	G	H
B	R	P	K	W	T	S	L
S	U	I	Q	F	H	T	I
K	H	I	N	M	L	A	S
T	V	O	L	K	O	N	T
K	V	L	U	D	O	D	E
W	A	L	K	T	K	N	N

Pen Pals

Directions: Read the letter. Circle the bold words in the puzzle. They may go across, down, or diagonally.

January 8

Dear Brandon,

Happy New Year! We had such a fun party. We played games, made lots of noise, and decorated a cake to look like a clock at midnight. My parents even let my four-year-old sister stay up until 12:00. I wish you could have been here!

Your friend,
Matthew

```
P  A  R  T  Y  H  N  D
G  D  V  V  M  Z  O  M
Y  A  C  R  L  B  I  Y
L  I  M  L  N  X  S  E
C  A  K  E  O  E  E  A
W  D  X  K  S  C  W  R
F  R  I  E  N  D  K  M
H  A  P  P  Y  R  Q  Q
```

Playtime

Directions: Unscramble the nouns (person, place, or thing). Use the Word Box to help you. Then, circle the words in the puzzle. They may go across, down, or diagonally.

odg _____   owfelrs _____

eert _____   cybciel _____

oyb _____   tac _____

esbuhs _____   tbsake _____

Word Box

cat
dog
bicycle
tree
flowers
basket
boy
bushes

```
F B U S H E S O M
L X I L E P K G R
O Q O C A T N Q S
W U B O Y G R U E
E D D O G C R E L
R A K S M O L L E
S I J B A S K E T
```

Tree-mendous!

Directions: Unscramble the names of each tree below. Use the Word Box to help you. Then, circle the tree names in the puzzle. They may go across, down, or diagonally.

Word Box
birch
cypress
holly
juniper
maple
palm
pine
willow

pamel _____

irbhc _____

pyrsesc _____

mapl _____

niep _____

lolhy _____

rinjpue _____

iwllwo _____

```
W I L L O W M A
T R P P E E A S
B A R A I K P B
I S N V L N L I
H O L L Y M E R
J U N I P E R C
C Y P R E S S H
L T U D R H R D
```

A Day on the Ranch

Directions: Draw a line to connect each word to its picture. Then, circle the words in the puzzle. They may go across, down, or diagonally.

```
S  T  I  R  R  U  P  C
K  S  N  R  E  Y  Z  Q
K  N  A  Q  K  I  B  L
B  A  N  D  A  N  N  A
S  P  U  R  D  T  L  S
H  B  O  O  T  L  J  S
K  B  R  I  D  L  E  O
```

stirrup   saddle

bridle   reins

lasso   bandanna

spur   boot

Hummingbirds

Directions: Read the story. Circle the bold words in the puzzle. They may go across, down, or diagonally.

Hummingbirds

Birds are such funny things!
Some birds whistle. Some birds sing.
The warbler sings in its throat. The
sparrow sings only one note!
The hummingbird doesn't sing.
It begins its day humming and
doesn't stop!

```
X W A R B L E R B
T H H U M M I N G
H I N B F U N N Y
R S S O I W H R N
O T Q I T R H C F
A L R Q N E D Z R
T E X C Q G Y S N
C S P A R R O W X
```

It's a Party!

Directions: Unscramble the party items. Use the Word Box to help you. Circle the words in the puzzle. They may go across, down, or diagonally.

nololab _____

eack _____

treesnp _____

skansc _____

ñitapa _____

cie amerc _____

scimu _____

skrofreiw _____

N	P	P	B	A	L	L	O	O	N
S	F	I	R	E	W	O	R	K	S
R	N	C	Ñ	E	B	K	K	F	M
M	V	A	L	A	S	L	N	M	U
W	J	X	C	D	T	E	K	W	S
R	P	N	A	K	B	A	N	Y	I
Z	Z	H	K	W	S	T	M	T	C
W	I	C	E	C	R	E	A	M	C

Word Box

music
present
balloon
fireworks
piñata
cake
snacks
ice cream

My Treasure Map

Directions: Read the directions to find the hidden treasure. Circle the **bold words** in the puzzle. They may go across, down, or diagonally.

- Start at the **sandbox**.

- Take three steps **north** toward the **swings**.

- Turn **east** toward the **pond** and take five steps.

- Turn **southwest** toward the **bench** and take six steps.

- Look under the **picnic** table. The **treasure** is your lunch box!

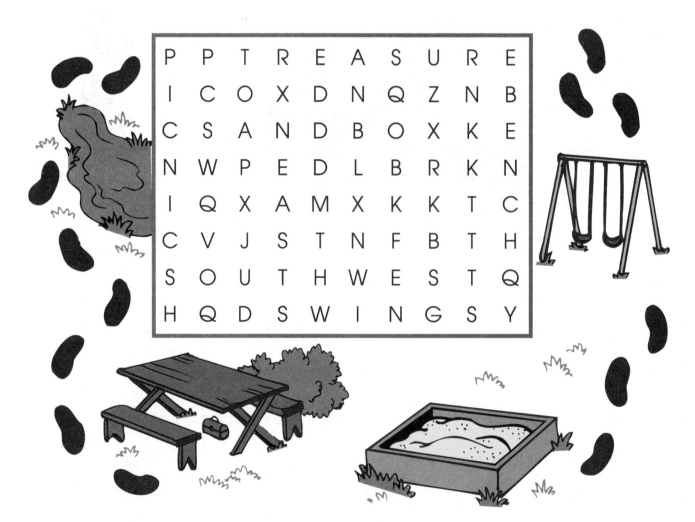

```
P P T R E A S U R E
I C O X D N Q Z N B
C S A N D B O X K E
N W P E D L B R K N
I Q X A M X K K T C
C V J S T N F B T H
S O U T H W E S T Q
H Q D S W I N G S Y
```

Quick Squares!

All of the words below have either the **qu** or **squ** sound. Write the words from the Word Box in the spaces. Then, circle the words in the puzzle. They may go across, down, or diagonally.

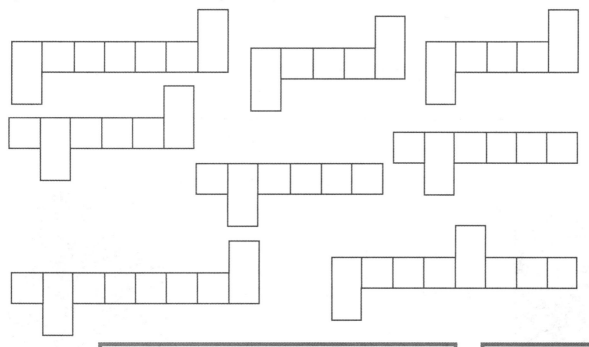

Q S H Q U I C K G
Y U Q Z Q M Z Q S
S M E U O C Y U Q
N Q L S I Y M I U
N B U Z T R H E I
H W H A L I R T R
S Q U I R M O E T
Q U A R R E L N L

Word Box

quick

quarrel

question

quiet

squirrel

square

squirt

squirm

School is Out!

Directions: Read each word from the Word Box. Then, circle the words in the puzzle. They may go down, across, or diagonally.

Word Box				
school	car	flag	cat	baby
dog	father	daughter	mother	park

B E P A R K D S B F
A T X L D C A R F A
B S C H O O L E L T
Y R M A M Z G T A H
Q O M O T H E R G E
U D A U G H T E R R

Bug Talk

Directions: Read the names of the bugs from the Word Box. Draw a picture of your favorite bug on one of the flowers below. Then, circle the bug names in the puzzle. They may go across, down, or diagonally.

Word Box

firefly

beetle

mosquito

wasp

cricket

ladybug

termite

moth

G	M	W	A	S	P	C	B	L
H	T	O	D	T	T	E	E	A
M	R	E	S	P	I	S	E	D
L	O	A	R	Q	R	X	T	Y
T	B	T	Z	M	U	W	L	B
K	W	Z	H	V	I	I	E	U
C	R	I	C	K	E	T	T	G
F	I	R	E	F	L	Y	E	O

Tide Pool

Directions: Draw a line from each word to its picture. Then, circle the **bold words** in the puzzle. They may go across, down, or diagonally.

seaweed   **clam**   **crab**   **shell**

starfish   **pebbles**   sand **dollar**   **coral**

```
P G L S H E L L E
S E A W E E D M C
V K B M C D C N K
M C N B M L R C F
F I D O L L A R N
C O R A L E B M R
S T A R F I S H S
```

Worms

Directions: Read the poem. Circle the **bold words** in the puzzle. They may go across, down, or backward.

Worms

From the **tree** I **picked** a **peach**.
"A **worm** I see!" I said with a **screech**.
I am in **shock**. I am so **blue**.
Worms I see! Not **one**, but **two**!

—Marsha Elyn Wright

D	K	C	O	H	S	Z	N
E	M	R	P	M	R	O	W
K	T	X	O	B	L	U	E
C	W	U	N	F	R	O	M
I	O	R	E	T	R	E	E
P	H	C	A	E	P	T	J
M	S	C	R	E	E	C	H

Sleep Well!

Directions: Unscramble the bedtime words. Use the Word Box to help you. Then circle the words in the puzzle. They may go across, down, or backward.

onom _____   liwlop _____

trass _____   klatebn _____

moodreb _____   dydet _____

kobo _____   sisk _____

Word Box
teddy
bedroom
stars
kiss
moon
book
blanket
pillow

```
B L A N K E T
E W O L L I P
D K K O O B Q
R M S R A T S
O O Y W Q T R
O O T E D D Y
M N K I S S Q
```

Nate the Great

Directions: Read the book report. Circle the bold words in the puzzle. They may go across, down, or backward.

Nate the Great and the Sticky Case
by Marjorie Weinman Sharmat

This book is one of many stories about a young **detective** named Nate. He solves neighborhood **mysteries** with the help of his dog. In this **case**, Nate must find a missing **stamp**. He pieces together all of the **clues** and eats some **pancakes**. Nate amazes his friends by once again cracking the case.

```
E  V  I  T  C  E  T  E  D  S
M  L  C  L  U  E  S  N  T  T
M  G  R  E  A  T  V  X  C  I
R  B  P  M  A  T  S  H  A  C
M  Y  S  T  E  R  I  E  S  K
P  A  N  C  A  K  E  S  E  Y
```

School Time

Directions: Unscramble the school words. Use the Word Box to help you.
Then, circle the words in the puzzle. They may go across, down, or backward.

okob _____

locsoh _____

tesndut _____

rciha _____

kdes _____

clhak _____

enlar _____

orbad _____

Word Box

board

book

chair

chalk

desk

learn

school

student

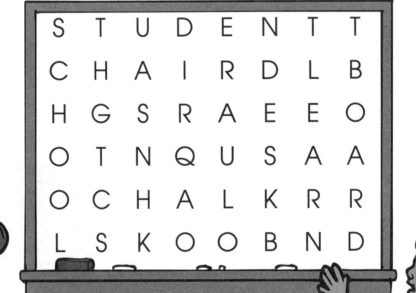

S	T	U	D	E	N	T	T
C	H	A	I	R	D	L	B
H	G	S	R	A	E	E	O
O	T	N	Q	U	S	A	A
O	C	H	A	L	K	R	R
L	S	K	O	O	B	N	D

Animal Fun

Directions: Read the names of the animals from the Word Box. Draw your favorite animal drinking water. Then, circle the animal names in the puzzle. They may go across, down, or backward.

Word Box			
porcupine	pig	squirrel	sheep
rabbit	fox	wolf	deer

```
S Q U I R R E L T
P O R C U P I N E
G H A D I F Q U S
O K B F L O W D Q
O C B L J X E E U
V G I P S H E E P
B O T D R M O R S
```

Name_____

Shapes Are Everywhere

Directions: Draw a line to connect each shape with its name. Then, circle the words in the puzzle. They may go across, down, or backward.

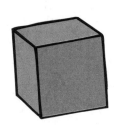

sphere

cone

cube

pyramid

rhombus

crescent

T	N	E	C	S	E	R	C
C	M	W	G	X	N	N	U
O	H	K	M	Z	J	Z	B
N	S	P	H	E	R	E	E
E	P	Y	R	A	M	I	D
S	U	B	M	O	H	R	F

Hurry!

Directions: Read the tongue twister. Circle all of the words in the puzzle. They may go across, down, or backward.

Five frantic frogs fled from fifty fierce fishes.

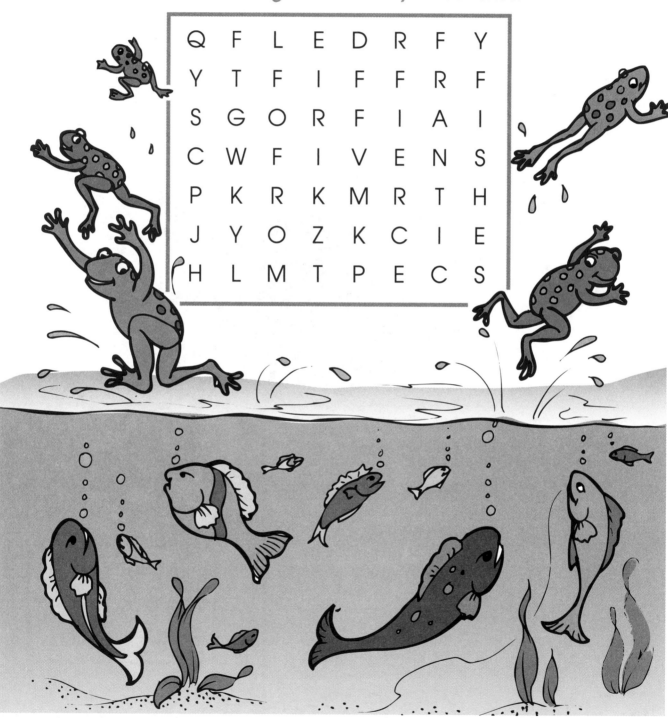

```
Q  F  L  E  D  R  F  Y
Y  T  F  I  F  F  R  F
S  G  O  R  F  I  A  I
C  W  F  I  V  E  N  S
P  K  R  K  M  R  T  H
J  Y  O  Z  K  C  I  E
H  L  M  T  P  E  C  S
```

Wacky Weather

Directions: Unscramble the weather words. Use the Word Box to help you. Then, circle the words in the puzzle. They may go across, down, or backward.

nynus _____

mostry _____

gogyf _____

wosny _____

ducloy _____

inayr _____

dinyw _____

zeyerb _____

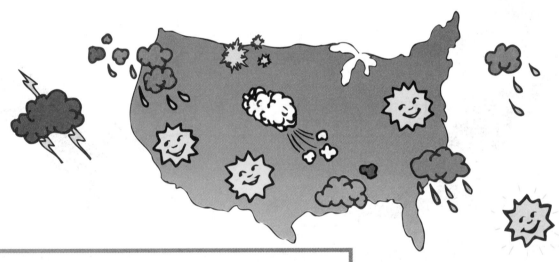

M	Q	T	Y	N	I	A	R	C
B	S	U	N	N	Y	J	K	L
R	T	Q	S	N	O	W	Y	O
E	O	W	I	N	D	Y	Y	U
E	R	C	B	K	J	F	T	D
Z	M	J	N	Z	F	B	M	Y
Y	Y	P	C	Y	G	G	O	F

Word Box

windy	foggy
cloudy	stormy
sunny	snowy
breezy	rainy

Pen Pals

Directions: Read the letter. Circle the **bold words** in the puzzle. They may go across, down, or backward.

April 15

Dear Matthew,

Can you believe that our **families** will be meeting at the camp**grounds** next month? I remember how much fun we had last year. It was **hysterical** when our dads fell in the **lake**. They were trying to **catch** that **bigmouth bass**! Are you bringing your **fishing** pole again? I am. See you soon!

Your **friend**,
Brandon

H Y S T E R I C A L
L J B I G M O U T H
A Z A S D N U O R G
K P S Z J H C T A C
E Z S L D Q Y G H T
F A M I L I E S A F
K F I S H I N G L M
R F R I E N D N P H

Animal Playtime

Directions: Read the verbs (action words) in the Word Box. Draw an animal at play. Then, circle the verbs in the puzzle. They may go across, down, or backward.

Word Box

leap	running	chasing	hide
ran	jumped	stand	rolling

```
S  D  N  A  T  S  J  R  M
H  L  E  W  B  O  U  U  O
I  J  U  M  P  E  D  N  J
D  X  H  O  Z  L  M  N  G
E  T  P  A  E  L  L  I  R
C  H  A  S  I  N  G  N  A
Y  R  O  L  L  I  N  G  N
```

Around Town

Directions: Draw a line to connect each word to its picture. Then, circle the words in the puzzle. They may go across, down, or backward.

firehouse   theater

church   hospital

school   police station

library   post office

F	I	R	E	H	O	U	S	E	A	
P	C	T	N	O	I	T	A	T	S	
O	H	L	I	B	R	A	R	Y	A	
L	U	H	O	S	P	I	T	A	L	
I	R	F	L	O	O	H	C	S	D	
C	C	T	H	E	A	T	E	R	R	
E	H	E	S	T	A	U	R	A	N	
P	O	S	T	O	F	F	I	C	E	

A Day at the Zoo

Directions: Draw a line to connect each animal with its name. Then, circle the names hidden in the puzzle. They may go across, down, or backward.

tiger

zebra

lion

panda

giraffe

koala

kangaroo

monkey

Y	E	K	N	O	M	T	R	G
L	R	Z	X	Z	L	T	D	I
L	F	E	K	O	A	L	A	R
I	F	B	T	R	M	M	X	A
O	O	R	A	G	N	A	K	F
N	P	A	P	A	N	D	A	F
X	L	Q	T	I	G	E	R	E

Name_____

A Dragon Train

Directions: Read the story. Circle the **bold words** in the puzzle. They may go across, down, diagonally, or backward.

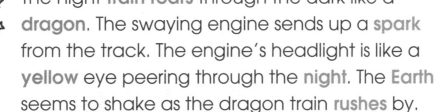

The night **train roars** through the dark like a **dragon**. The swaying engine sends up a **spark** from the track. The engine's headlight is like a **yellow** eye peering through the **night**. The **Earth** seems to shake as the dragon train **rushes** by.

R X N I G H T Y
O T E Q M J N E
A D R A G O N L
R V N A R R N L
S N X V I T R O
K R A P S N H W
N P S E H S U R

Music to My Ears!

Directions: Unscramble the names of the instruments. Use the Word Box to help you. Then, circle the words in the puzzle. They may go across, down, diagonally, or backward.

nilivo _____

legub _____

murd _____

traigu _____

pruttem _____

taub _____

groan _____

opain _____

Word Box

guitar

tuba

drum

organ

violin

piano

bugle

trumpet

R	A	T	I	U	G	P	T
V	I	O	L	I	N	I	R
L	O	B	T	U	B	A	U
J	D	R	U	X	L	N	M
N	R	R	G	G	F	O	P
K	U	C	Z	A	L	M	E
H	M	K	V	X	N	E	T

Do You Eat Plants?

Did you know that every vegetable listed below is part of a plant? Circle the vegetables listed in the puzzle. They may go across, down, diagonally, or backward.

Roots	**Stems**	**Leaves**
potato	celery	lettuce
carrot	broccoli	spinach
onion		

```
B E C U T T E L
R C E L E R Y C
O Q V A Z T N A
C N F C N K T R
C Q I V F Q J R
O Z P O T A T O
L L N D N M B T
I S P I N A C H
```

Off to Hawaii

Directions: Read the letter. Then, circle the **bold words** in the puzzle. They may go across, down, diagonally, or backward.

Dear Ben,

My **family** is in **Hawaii**. What a beautiful **island**! I wear **flowers** around my neck. We see **mountains**, **oceans**, and **palm** trees. See you soon.

Your **friend**,

Tyler

```
M S L Y L I M A F
U R W T P M O T I
M O U N T A I N S
H A W A I I L G L
F L O W E R S M A
L R S N A E C O N
O M G F R I E N D
```

Sh!

Directions: Read the words in the Word Box. They all have the **sh** sound. Write the words from the Word Box in the spaces. Then, circle all of the words in the puzzle. They may go across, down, diagonally, or backward.

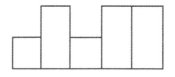
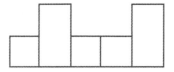
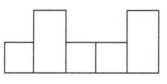

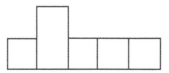
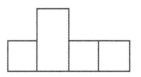

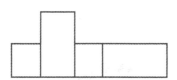
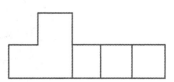

S	M	S	H	I	F	T	B	A
S	H	E	L	F	Q	W	R	T
H	H	E	O	H	S	E	O	Z
O	O	I	E	S	H	A	R	E
R	D	M	N	T	R	I	H	S
E	R	X	G	E	P	M	O	C

Word Box

shoe

share

shine

sheet

shore

shift

shirt

shelf

Space Case

Directions: Unscramble the planet and dwarf planet names. Then, circle the names of the planets in the puzzle. They may go across, down, diagonally, or backward.

IPtuo _____   tahEr _____

rnUasu _____   arSutn _____

esnVu _____   uipJtre _____

euMrrcy _____   asrM _____

uentNpe _____

V	J	U	P	I	T	E	R	I
N	E	U	S	R	A	M	T	H
E	E	N	R	P	L	U	T	O
P	A	A	U	A	S	A	R	I
T	R	N	G	S	N	A	Q	O
U	T	M	E	R	C	U	R	Y
N	H	U	N	C	W	T	S	R
E	N	R	U	T	A	S	T	Y

The Great Rainforest

The picture shows the rainforest and some of the animals that live there. Find the eight words in the puzzle. They may go across, down, diagonally, or backward.

Y	J	C	A	N	O	P	Y
F	C	A	V	C	Q	U	B
G	F	I	G	U	A	N	A
O	M	O	G	U	W	D	B
E	T	V	R	H	A	E	N
G	O	R	F	E	E	R	T
T	T	B	J	Q	S	S	M
N	N	A	C	U	O	T	Q
T	J	L	P	N	X	O	K
S	K	W	J	I	Z	R	Z
H	K	T	Q	J	R	Y	T

canopy   toucan

understory   jaguar

forest   iguana

tapir   tree frog

Fabulous Friends

Friends are the greatest! The words below describe a good friend. Circle them in the puzzle. They may go across, down, diagonally, or backward.

smart	funny	gentle	nice
helpful	honest	polite	kind

```
H  G  S  H  W  Q  J  P
K  O  E  L  P  C  N  O
M  I  N  N  Z  R  I  L
R  J  N  E  T  N  C  I
V  M  T  D  S  L  E  T
F  U  N  N  Y  T  E  E
L  U  F  P  L  E  H  F
K  S  M  A  R  T  R  K
```

Money Mania

Directions: Draw a line to connect each word with a ⭐ to its picture. Then, circle the words in the puzzle. They may go across, down, or backward.

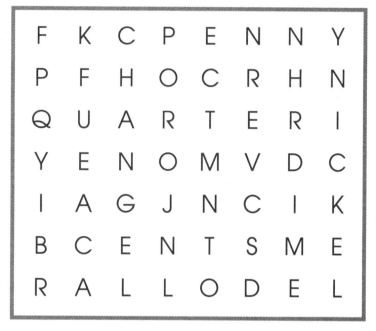

F	K	C	P	E	N	N	Y
P	F	H	O	C	R	H	N
Q	U	A	R	T	E	R	I
Y	E	N	O	M	V	D	C
I	A	G	J	N	C	I	K
B	C	E	N	T	S	M	E
R	A	L	L	O	D	E	L

money   change   cents   ⭐ dollar

⭐ penny   ⭐ nickel   ⭐ dime   ⭐ quarter

We're Not All the Same

Directions: Find and circle the animal names in the puzzle. They may go across, diagonally, or down. Then, place the animals into groups.

T	A	S	L	I	Z	A	R	D	U	R
K	U	E	N	J	E	F	S	R	A	B
A	B	R	D	N	A	Q	G	Z	C	A
N	R	D	T	C	G	G	T	S	O	L
G	S	M	O	L	L	P	U	N	S	L
A	W	H	A	L	E	M	K	A	T	I
R	I	V	H	H	P	U	O	K	R	G
O	M	I	O	K	F	H	E	E	I	A
O	J	P	U	L	G	T	I	D	C	T
F	L	A	M	I	N	G	O	N	H	O
S	P	E	A	C	O	C	K	B	T	R

jaguar
eagle
whale
snake
ostrich
dolphin
lizard
flamingo
kangaroo
alligator
peacock
turtle

Mammals	Birds	Reptiles
1.	1.	1.
2.	2.	2.
3.	3.	3.
4.	4.	4.

You Can Bank on It!

Directions: Read the words on the coins. To fill the piggy bank, find the words and circle them. They may go across, diagonally, or down.

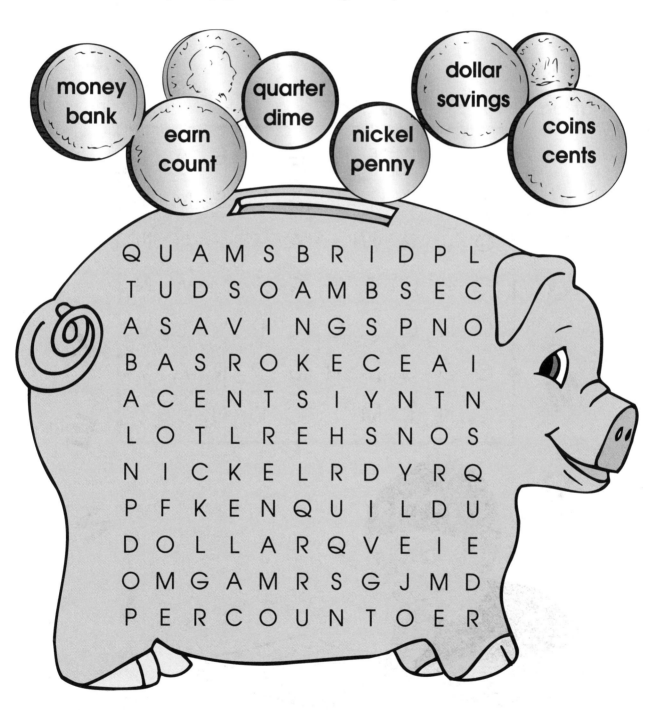

money bank

earn count

quarter dime

nickel penny

dollar savings

coins cents

```
Q U A M S B R I D P L
T U D S O A M B S E C
A S A V I N G S P N O
B A S R O K E C E A I
A C E N T S I Y N T N
L O T L R E H S N O S
N I C K E L R D Y R Q
P F K E N Q U I L D U
D O L L A R Q V E I E
O M G A M R S G J M D
P E R C O U N T O E R
```

I Did It!

You did it! You have completed this book of word search puzzles! Now, circle the expressions below that say how you should feel. There will be no spaces between the words. They may go across, down, diagonally, or backward.

Hurray   I'm proud   I feel great

What fun   So cool   I'm smart

```
I  F  E  E  L  G  R  E  A  T
S  M  R  T  R  A  M  S  M  I
O  J  P  W  H  A  T  F  U  N
C  F  C  R  F  R  T  M  W  N
O  N  C  F  O  L  R  V  L  V
O  D  N  M  H  U  R  R  A  Y
L  N  L  M  L  C  D  N  J  Z
```

Y
M
D

L
E
N
I

Answer Key

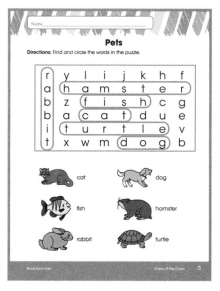

5

6

7

8

9

10

Answer Key

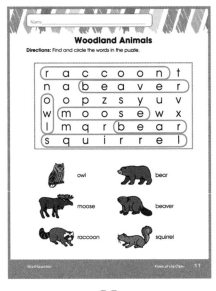

11

12

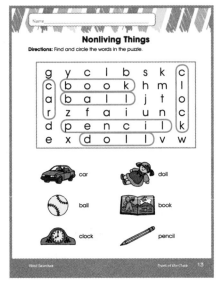

13

14

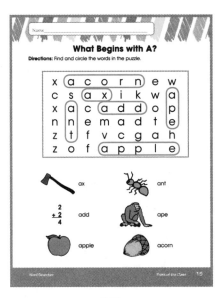

15

16

Answer Key

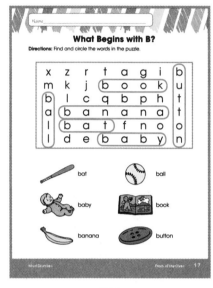

17

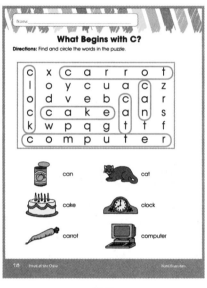

18

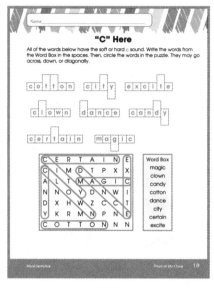

19

20

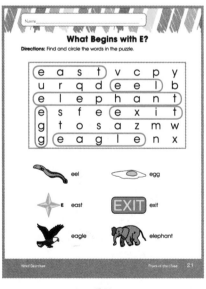

21

22

Answer Key

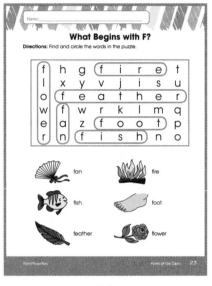

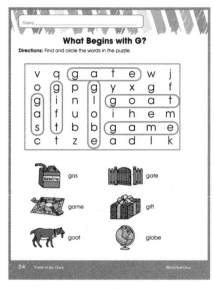

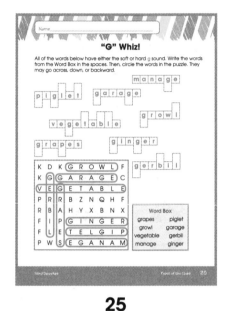

23

24

25

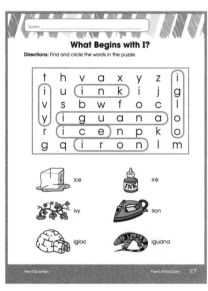

26

27

28

Answer Key

29

30

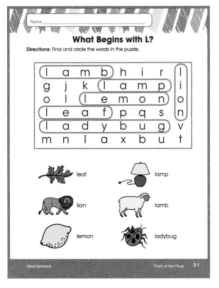

31

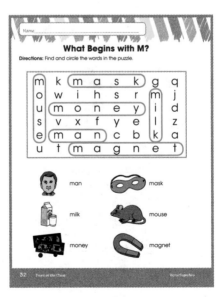

32

33

34

Answer Key

35

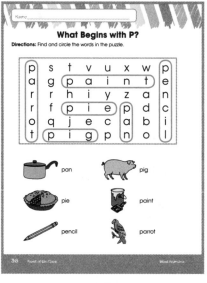

36

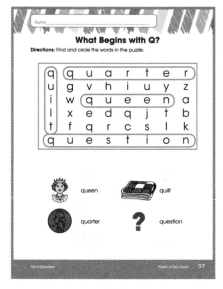

37

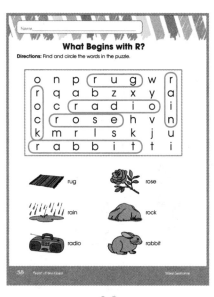

38

39

40

Answer Key

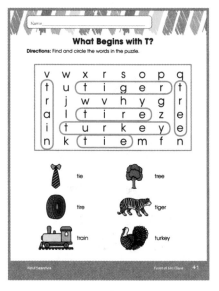

41

42

43

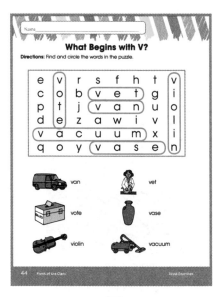

44

45

46

Answer Key

47

48

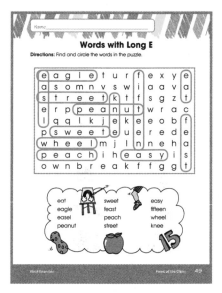

49

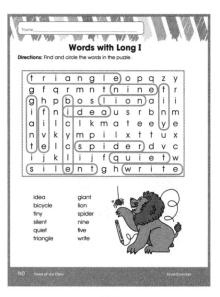

50

51

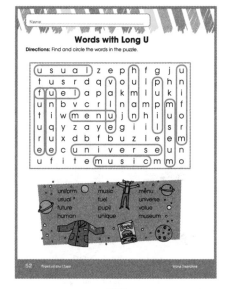

52

Answer Key

53

Words with ch

Directions: Find and circle the words in the puzzle.

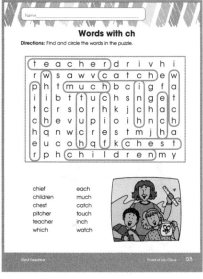

t	e	a	c	h	e	r	d	r	i	v	h	i
r	w	s	a	w	c	a	t	c	h	e	w	
p	h	t	m	u	c	h	b	c	i	g	f	a
i	b	t	t	u	c	h	s	n	g	e	t	
t	c	r	s	o	r	h	k	j	c	h	a	c
c	h	e	v	u	p	i	o	i	h	n	c	h
h	q	n	w	c	r	e	s	t	m	j	h	a
e	u	c	o	h	q	f	k	c	h	e	s	t
r	p	h	c	h	i	l	d	r	e	n	m	y

chief	each
children	much
chest	catch
pitcher	touch
teacher	inch
which	watch

54

For "ph"un!

All of the words below have the f sound. The f sound may be spelled with gh or ph. Write the words from the Word Box in the spaces. Then, circle the words in the puzzle. They may go across or down.

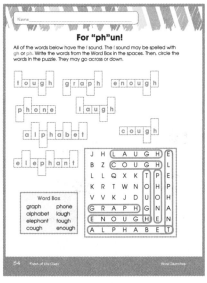

tough   graph   enough

phone   laugh

alphabet   cough

elephant

J	H	L	A	U	G	H	E
B	Z	C	O	U	G	H	L
L	L	Q	X	K	T	P	E
K	R	T	W	N	O	H	P
V	V	K	J	D	U	O	H
V	V	K	J	D	U	O	H
G	R	A	P	H	G	N	A
E	N	O	U	G	H	E	N
A	L	P	H	A	B	E	T

Word Box
graph	phone
alphabet	laugh
elephant	tough
cough	enough

55

Words with sh

Directions: Find and circle the words in the puzzle.

s	h	i	r	t	d	e	i	x	a	f	b	s
a	y	f	r	i	e	n	o	p	h	i	p	h
z	k	j	s	h	a	p	e	w	v	s	m	o
w	f	l	h	b	s	c	g	h	u	h	c	r
i	r	j	e	g	m	f	r	n	s	t	d	t
s	e	m	l	l	e	q	f	i	n	i	s	h
h	s	a	l	w	s	h	c	r	a	s	h	e
n	h	o	p	s	s	u	n	s	h	i	n	e
s	h	o	p	h	i	k	l	g	s	h	e	f

she	sunshine
short	wish
shape	fish
shell	finish
shirt	fresh
shop	crash

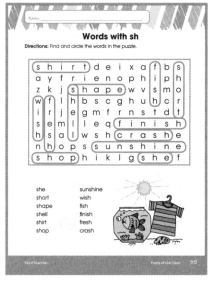

56

Words with th

Directions: Find and circle the words in the puzzle.

a	s	t	h	a	t	d	t	o	o	t	h	r
y	m	h	c	w	e	a	t	h	e	r	t	h
l	x	e	b	e	i	m	h	e	r	j	h	o
e	z	y	b	r	o	t	h	e	r	k	o	t
a	s	m	o	o	t	h	e	l	f	v	s	h
t	f	a	t	h	e	r	m	g	u	h	g	m
h	w	a	n	m	o	t	h	e	r	i	h	b
e	p	o	r	t	c	l	o	t	h	i	n	g
r	q	t	h	e	r	e	t	h	u	m	b	s

that	brother
they	clothing
there	weather
thumb	leather
mother	smooth
father	tooth

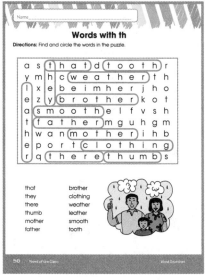

57

Words with wh

Directions: Find and circle the words in the puzzle.

w	b	a	w	h	i	l	e	z	w	y	v	x
h	y	w	o	h	a	w	h	o	t	s	e	r	w
y	h	f	s	w	h	a	l	e	e	s	v	w
c	e	p	a	g	i	j	l	t	r	u	w	h
d	e	e	t	i	c	k	w	h	e	n	q	i
q	l	u	h	w	h	i	t	e	p	o	r	s
r	e	v	e	r	r	w	h	e	r	e	n	t
w	h	i	s	p	e	r	x	w	h	i	p	l
s	t	m	m	e	a	n	w	h	i	l	e	e

which	why	meanwhile
where	whisper	whip
white	whistle	wheel
whale	awhile	when

58

Search Outside

Directions: Circle the words. The words go → and ↓.

r	d	s	c	a	p	s	c
a	k	v	l	g	a	c	g
n	s	a	s	a	f	b	m	n
t	m	n	a	s	a	m	c
f	e	i	v	e	t	v	f	a
r	a	t	w	r	k	r	t

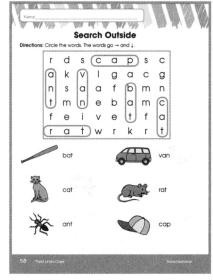

bat

van

cat

rat

ant

cap

Answer Key

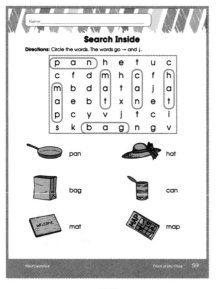

59

60

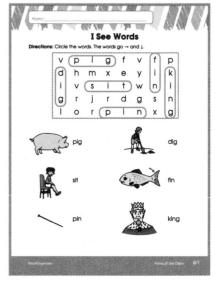

61

62

63

64

Answer Key

65

66

67

68

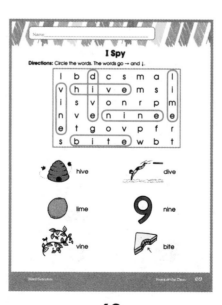

69

70

Answer Key

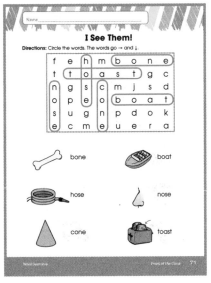

I See Them!

71

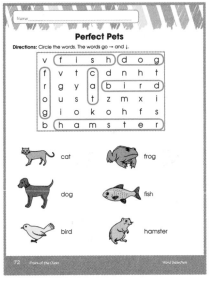

Perfect Pets

72

Let's Play!

73

Beach Fun

74

School is Great!

75

Baby Animals

76

Answer Key

Fantastic Fruit
Directions: Circle the words. The words go → and ↓.

```
e g r a p e s o r
k o i d y j b r a
b a n a n a z a n
p r l f g x p l g
v p e a c h l u e
d s q m t n u m h
a p p l e w m h
```

apple   plum

banana   peach

orange   grapes

77

Fun Foods
Directions: Circle the words. The words go → and ↓.

```
d c a k e q l a
e p o p c o r n
c j t g s o f l
h c c o o k i e
i g p v n x m c
p u c a n d y
s m b n z k h w
```

candy   popcorn

cake   gum

cookie   chips

78

Clothes I Wear
Directions: Circle the words. The words go → and ↓.

```
a s j s o c k s
l h p h t e j c
p o z i m n a t
a e s r f v c r
n s x t y q k l
t g d w k i e b
o s h o r t s
```

shirt   socks

shoes   pants

shorts   jacket

79

Around the House
Directions: Circle the words. The words go → and ↓.

```
e t k c h a i r
a q w d t o a
b a s g p l b f
e l p i l l o w
d l z u g y v i
m h i b d e s k
t o y s p j m c
```

bed   chair

table   pillow

desk   toys

80

Circus Fun
Directions: Circle the words. The words go → and ↓.

```
c k a t h s c l
l n c i l e o l i
o e p g u a f o
w g y e h l j n
n a c r o b a t
b q v b i w m d
e l e p h a n t
```

seal   clown

lion   acrobat

elephant   tiger

81

Plants We Eat
Directions: Circle the words. The words go → and ↓.

```
k p u m p k i n l
c i f n u c l a e
e f s c a r r o t
l y b r g d q t
e m p c o r n w u
r o v z m v j h c
y e b e a n s r e
```

carrot   corn

lettuce   pumpkin

celery   beans

82

Answer Key

83

84

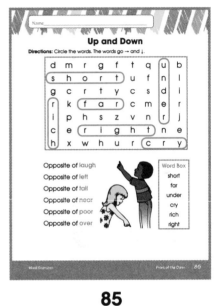

85

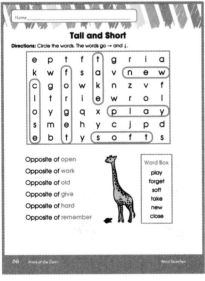

86

87

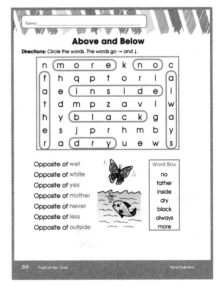

88

Answer Key

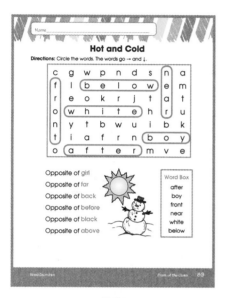
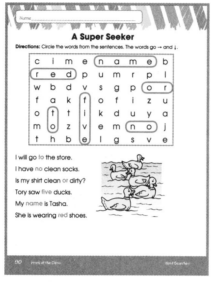
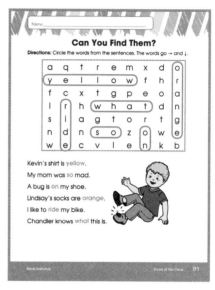

Answer Key

95

Circle Them

Directions: Circle the words from the sentences. The words go → and ↓.

```
k  d o g  r y o i a
g  f b j  q y t p d
j  q y d  x u l n c
u  p p z  e o y g
m  r l v  o p m w t
p  s a b  h x o l d
e  m y a  l b u p j
```

My dog eats bones.
Did you see Tony jump?
The boy is mad.
The old man has a cat.
Will you play with me?
Can we have candy?

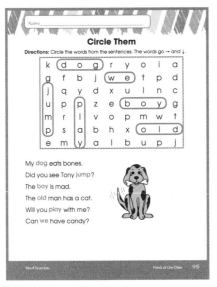

96

Use Your Eyes

Directions: Circle the words from the sentences. The words go → and ↓.

```
i o e p  h e r  m b
c s u r  k y d h  y
h a q    b r o w n  o
w i s r  w d y q    u
p d p p  o r  u f    r
j x g n  v w p d    g
p u r p  l e n  l a
```

This is her hat.
Mom said to be quiet.
The grapes are purple.
Look up in the sky.
The bear is brown.
Is this your book?

97

Jump in and Look!

Directions: Circle the words from the sentences. The words go → and ↓.

```
e l n g c e  b  r d
y  g i r l  j  i  d
y a u d z  b  g  d r a w
b l a c k  w o x
r s c k f d w  a  h
i  f o u r  g t  r  k
a c n v l l r e  b
```

Emily's cat is black.
I have four good friends.
Tom can draw a mouse.
He is so big!
We are strong.
The girl is reading.

98

Hunt and Look

Directions: Circle the words from the sentences. The words go → and ↓.

```
b l e i n  f r q j
u  f o r  w u n  t d  a
p t h x c n  n d y  i  o
t  f u f b n y  d o
h  r s h o g y s w  d
i  x a t e  f s w d
s  m v n i z  c a n
```

Timmy is funny.
You did it!
Is this your paper?
I made it for you.
Kristen can kick the ball.
She ate all her apple.

99

Try to Find the Words

Directions: Circle the words from the sentences. The words go → and ↓.

```
e  t h i n g  o a  c
l  i g r c u  w  f  l
s  v i b g n  o  h  o
b e e n  m  k  t
p g y l w m a  e  h
n o w  o t h  n d  e
b x i m  h i g h  s
```

This thing is broken.
That slide is too high.
We have been at the park.
Mom bought some new clothes.
Help the woman with the baby.
I want a cookie now!

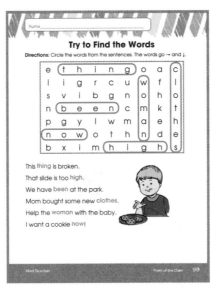

100

Do You See Each Word?

Directions: Circle the words from the sentences. The words go → and ↓.

```
l w p a u j b  t  d
b e t t e r  n  r  h
t  y o a e s h  y  e
f  s c  w a t e r  t
r  u i x b r v k  o
i  c w  h u r t s  o
q  h z u f x a g
```

Let Max catch, too.
Can I try now?
The water is cold.
James is such a funny boy!
Did you hurt your toe?
I better go home now.

Answer Key

101

Search All Over

Directions: Circle the words from the sentences. The words go → and ↓.

e	d	b	e	c	a	u	s	e
n	j	l	e	p	m	g	y	c
o	s	q	o	t	h	e	r	h
u	h	f	k	z	r	a	s	m
g	a	v	a	b	o	u	t	e
h	l	x	w	o	t	j	v	i
b	l	n	f	r	i	e	n	d

I can wear my other shoes.
Sallie wants it because she is tired.
You shall eat dinner now.
It is about time to go.
Did you get enough popcorn?
Megan is her friend.

102

Keep Looking

Directions: Circle the words from the sentences. The words go → and ↓.

b	u	y	r	c	n	e	p	a
w	o	j	w	x	p	e	u	q
h	s	y	f	m	a	f	g	j
l	h	o	f	r	r	t	b	t
o	o	f	r	s	t	b	o	d
w	w	r	e	z	h	g	y	k
o	b	l	v	t	n	e	x	t

Please buy me a toy!
Go show Eric your toys.
Corey got a new bike.
This is the funny part.
That fire is very hot.
Tanner is next.

103

Be Sure to Look Closely

Directions: Circle the words from the sentences. The words go → and ↓.

a	i	q	d	l	m	e	a	g
n	o	f	u	l	l	t	g	z	f
o	p	y	e	f	h	w	e	l	y
t	u	t	h	e	i	r	x	x
h	e	r	f	n	a	r	l	r	j
e	k	o	s	m	o	n	e	y
r	b	f	y	v	n	h	e	t

The baby bird can fly.
Lizzie is a friend of Marlee's.
We have their ball.
I have another pillow.
My money is in the bank.
Jack is full of pie.

104

Did You Find Them All?

Directions: Circle the words from the sentences. The words go → and ↓.

h	d	l	o	n	g	o	i	a
u	q	y	r	u	x	e	d	e
s	s	n	e	w	l	t	o	d
e	i	v	q	a	y	g	e	w
k	w	a	y	o	d	n	s	j
p	s	w	e	g	n	r	w	c
b	z	f	m	n	e	v	e	r

May I use your pencil?
Bailey's hair is long.
What does Jamie do all day?
Go that way.
I can never lose this!
My new shirt is torn.

105

Are You Finished?

Directions: Circle the words from the sentences. The words go → and ↓.

s	b	t	b	r	i	n	g	p
c	r	w	l	o	e	u	b	i
m	o	g	b	a	c	k	h	c
g	t	r	n	g	r	b	o	t
t	h	e	s	e	v	h	d	u
j	e	x	n	y	s	p	l	r
o	r	f	g	r	e	a	t	e

Are these your cars?
Can you bring me a drink?
David drew me a picture.
You are a great friend!
Give the toy back to Joey.
Sandie's brother is tall.

106

On Land

Directions: Find and circle the words in the puzzle.

c	a	d	n	c	a	r	s
t	b	e	f	k	g	i	j
a	v	c	a	m	p	e	r
x	a	z	h	b	u	s	t
i	n	y	w	l	m	v	u
b	i	c	y	c	l	e	x

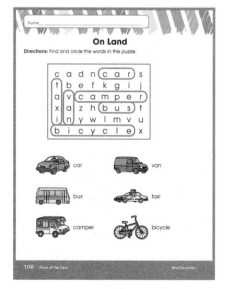

car
van
bus
taxi
camper
bicycle

Answer Key

107

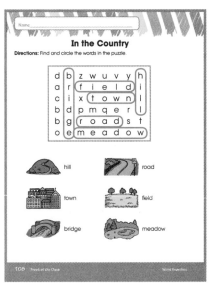

108

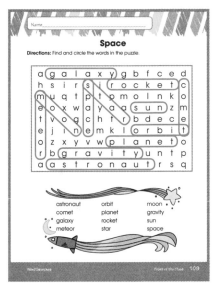

109

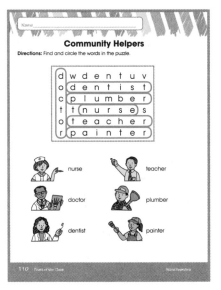

110

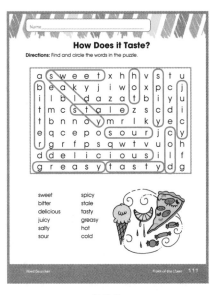

111

112

Answer Key

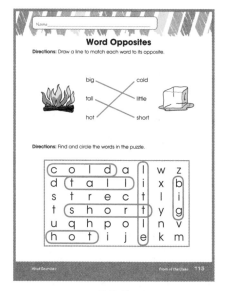

113

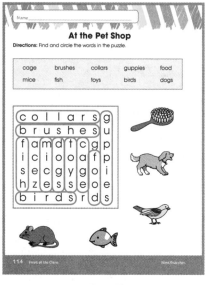

114

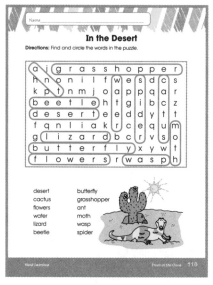

115

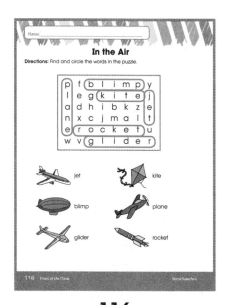

116

117

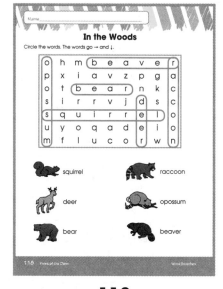

118

Answer Key

In the City

Directions: Find and circle the words in the puzzle.

```
t v s t o r e p p
a z y j a i g a
x w b c a r h r k
i x s c d e f k
h o s p i t a l
u t s t r e e t
```

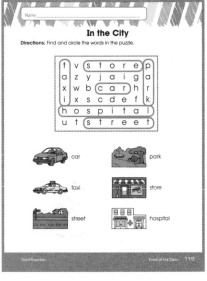

car

park

taxi

store

street

hospital

119

Underwater

Directions: Find and circle the words in the puzzle.

```
g l w o t b d c f s r a
s e a l s f o t i e w o
h a t w h a l e s a x p
e b p a r t p j h w z l
l y l t i d h e z e f a
l b t e m e i m x e b n
s r g r p q n r o d l t
a o n l e x s h a r k s
```

water   seals
sharks   fish
shrimp   plants
shells   whales
dolphins   seaweed

120

How is the Weather?

Directions: Find and circle the words in the puzzle.

```
s w i n d y r c
n d a c b n s l
o w e r a i n y o
w q z y o t v u
y w a r m u x d
p s u n n y w y
```

warm   rainy

snowy   windy

sunny   cloudy

121

Colors

Directions: Find and circle the words in the puzzle.

```
p x c r z a m r b l u e x
u x t a n w a x x c r r n
r a d d o g r e e n r n b
p n b l a c k e g r e d r
l f l c g r a y e l l o o
e o a a i p l e x x c n w
x w h i t e v e r x c k n
c s k x i k w o r a n g e
y e l l o w o l p i n k r
```

gray   green   orange
yellow   blue   white
purple   black   pink
tan   brown   red

122

Colors

Directions: Find and circle the words in the puzzle.

```
b l u e p i n k
b l a c k e r w
r o r a n g e h
o g r e e n d i
w p u r p l e t
y e l l o w e
```

red   blue

orange   yellow

green   purple

pink   brown

black   white

123

Shapes

Directions: Find and circle the words in the puzzle.

```
x o c i r c l e l q t s a
o v h t r i a n g l e q c
c a s j r s p h e r e u r
t l e g i t b c n n e a s
a u h e x a g o n m a r c
g v h e a r t p c f w e p
o d n e p t a g o n w n n
n r e c t a n g l e x o t
c u b e z y r h o m b u s
```

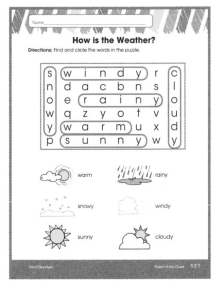

circle   rhombus   star
square   rectangle heart
oval   octagon   sphere
triangle   hexagon   cube

124

Answer Key

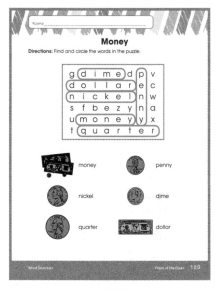

125

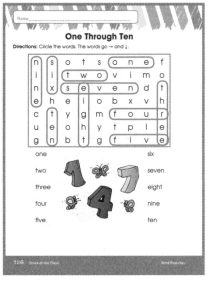

126

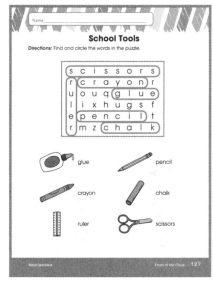

127

128

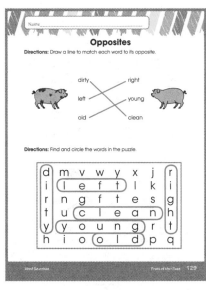

129

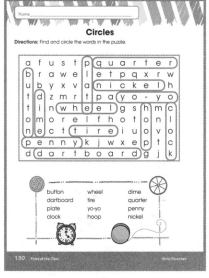

130

Answer Key

131

132

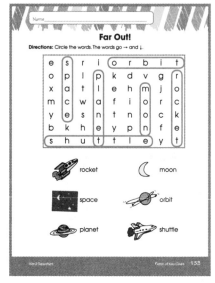

133

134

135

136

Answer Key

Toys

Directions: Circle the words. The words go → and ↓.

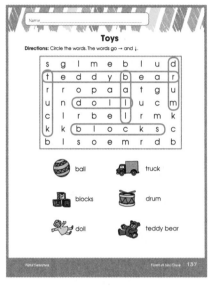

s	g	l	m	e	b	l	u	d
t	e	d	d	y	b	e	a	r
r	r	o	p	a	a	t	g	u
u	n	d	o	l	l	u	c	m
c	l	r	b	e	l	r	m	k
k	k	b	l	o	c	k	s	c
b	l	s	o	e	m	r	d	b

- ball
- truck
- blocks
- drum
- doll
- teddy bear

137

School Is Fun!

Directions: Circle the words. The words go → and ↓.

n	f	r	e	i	p	t	i	f
c	o	m	n	s	e	h	b	r
r	e	a	d	i	n	g	y	i
a	f	r	r	e	c	r	a	e
y	p	k	a	d	i	n	g	n
o	r	e	r	u	l	e	r	d
n	g	r	u	l	t	r	m	s

- friends
- pencil
- crayon
- reading
- marker
- ruler

138

Going to the Zoo

Directions: Circle the words. The words go → and ↓.

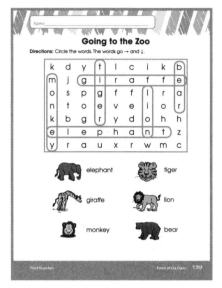

k	d	y	t	l	c	i	k	b
m	j	g	i	r	a	f	f	e
o	n	s	p	g	f	f	l	r
n	k	t	o	e	v	e	i	o
k	b	g	r	y	d	o	h	h
e	l	e	p	h	a	n	t	z
y	r	a	u	x	r	w	m	c

- elephant
- tiger
- giraffe
- lion
- monkey
- bear

139

Ocean Animals

Directions: Circle the words. The words go → and ↓.

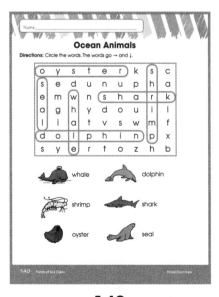

o	y	s	t	e	r	k	s	c
s	e	d	u	n	u	p	h	a
e	m	w	n	s	h	a	r	k
a	g	h	y	d	o	u	i	l
l	i	a	t	v	s	w	m	f
d	o	l	p	h	i	n	p	x
s	y	e	r	t	o	z	h	b

- whale
- dolphin
- shrimp
- shark
- oyster
- seal

140

On the Farm

Directions: Circle the words. The words go → and ↓.

e	t	w	h	e	a	t	v	k
g	r	e	p	n	l	c	g	i
z	a	l	t	r	u	a	m	t
k	c	b	a	r	n	l	e	t
r	t	p	w	s	c	v	r	e
h	o	r	s	e	j	t	j	n
f	r	h	n	y	a	s	d	t

- horse
- tractor
- barn
- wheat
- kitten
- calves

141

Things That Grow

Directions: Circle the words. The words go → and ↓.

p	b	u	f	t	l	b	g	a
d	a	i	o	r	c	u	l	n
n	b	y	w	e	i	s	f	i
j	i	v	s	e	b	h	o	m
w	e	e	d	s	m	e	o	a
u	s	h	a	p	i	s	e	l
b	r	f	l	o	w	e	r	s

- flowers
- animals
- trees
- weeds
- babies
- bushes

142

Answer Key

Beautiful Birds
Directions: Circle the words. The words go → and ↓.

```
s  g  p  m  e  b  r  e  t
p  c  a  r  d  i  n  a  l
a  r  r  d  o  r  o  g  c
r  n  r  a  s  t  u  l  h
r  i  o  w  o  w  l  e  m
o  x  t  l  y  k  f  p  l
w  d  v  f  r  o  b  i  n
```

sparrow   cardinal

parrot   owl

robin   eagle

143

Snack Time
Directions: Circle the words. The words go → and ↓.

```
a  p  t  e  r  a  m  e  c
p  x  r  i  c  o  o  w  o
p  e  a  c  h  r  k  b  o
l  n  b  e  z  a  l  p  k
e  q  d  c  a  n  d  y  i
u  y  l  h  n  g  v  s  e
i  c  e  c  r  e  a  m  f
```

ice cream   orange

candy   apple

cookie   peach

144

Around Town
Directions: Circle the words. The words go → and ↓.

```
r  h  o  s  p  i  t  a  l
s  o  a  t  n  v  r  t  i
t  s  t  r  e  t  a  x  b
o  b  p  e  k  f  f  d  u
r  w  h  e  g  s  f  m  s
e  r  z  t  a  x  i  p  h
s  c  l  s  u  o  c  g  s
```

stores   streets

hospital   taxi

traffic   bus

145

Country Quiet
Directions: Circle the words. The words go → and ↓.

```
w  h  e  a  t  q  f  n  g
m  d  s  p  g  w  i  b  p
f  k  h  o  r  s  e  s  o
a  u  m  s  a  o  l  i  n
r  p  e  r  l  z  d  r  d
m  e  a  d  o  w  s  v  s
s  c  h  t  y  f  i  e  j
```

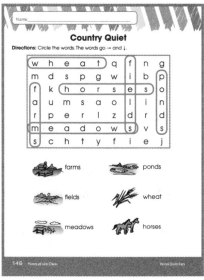

farms   ponds

fields   wheat

meadows   horses

146

Let's Travel
Directions: Circle the words. The words go → and ↓.

```
f  m  y  s  h  i  p  y  r
t  r  a  u  b  s  h  o  b
r  o  c  k  e  t  x  p  z
a  c  a  t  s  g  c  l  e
i  k  r  r  n  o  l  a  r
n  t  p  w  d  m  v  n  q
r  b  i  c  y  c  l  e  j
```

plane   rocket

train   car

bicycle   ship

147

Weather Words
Directions: Circle the words. The words go → and ↓.

```
f  r  d  l  w  i  n  d  y
z  a  r  i  a  o  c  w  b
r  i  u  t  b  t  l  g  n
s  n  o  w  y  s  o  u  u
u  y  s  a  n  q  u  j  n
x  k  p  r  n  w  d  e  n
h  c  v  m  i  n  y  m  y
```

warm   snowy

rainy   cloudy

sunny   windy

148

Answer Key

149

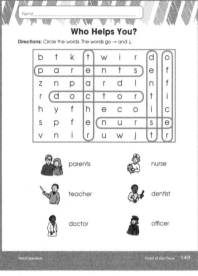

Who Helps You?

Directions: Circle the words. The words go → and ↓.

b	t	k	t	w	i	r	d	o
p	a	r	e	n	t	s	e	f
z	n	p	a	r	d	l	n	f
r	d	o	c	t	o	r	t	i
h	y	f	h	e	c	o	i	c
s	p	f	e	n	u	r	s	e
v	n	i	r	u	w	j	t	r

- parents
- nurse
- teacher
- dentist
- doctor
- officer

150

How Do You Feel?

Directions: Circle the words. The words go → and ↓.

e	x	c	i	t	e	d	k	p
s	h	p	g	q	m	g	v	b
c	a	r	o	i	s	y	h	i
a	d	o	u	x	c	w	a	x
r	l	t	u	n	h	a	p	p	y
e	t	d	z	o	v	s	p	n
d	j	r	a	n	g	r	y	f

- happy
- excited
- angry
- unhappy
- scared
- proud

151

Things We Eat With

Directions: Circle the words. The words go → and ↓.

c	d	s	r	c	a	s	r	h
p	c	u	p	u	o	s	i	o
u	d	n	d	f	o	p	g	f
g	l	s	p	o	o	n	l	k
d	p	f	o	r	i	s	a	n
o	h	e	s	k	d	i	s	h
k	n	i	f	e	r	f	s	i

- spoon
- dish
- fork
- cup
- knife
- glass

152

Compounds

Directions: Find and circle the words in the puzzle.

p	m	o	t	o	r	c	y	c	l	e	a	n
o	u	n	d	e	r	g	r	o	u	n	d	e
s	u	w	a	t	e	r	f	a	l	l	w
t	k	f	o	o	t	h	b	r	u	s	h	s
c	m	n	f	r	a	i	n	b	o	w	p
a	p	q	u	i	c	k	s	a	n	d	b	a
r	v	o	l	l	e	y	b	a	l	l	h	p
d	j	s	a	i	l	b	o	a	t	c	e
a	i	r	p	o	r	t	d	g	f	d	e

- motorcycle
- sailboat
- newspaper
- toothbrush
- outfield
- underground
- postcard
- volleyball
- quicksand
- waterfall
- rainbow
- airport

153

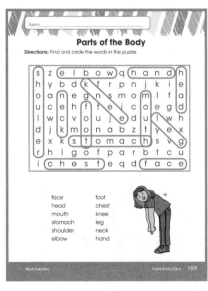

Parts of the Body

Directions: Find and circle the words in the puzzle.

s	z	e	l	b	o	w	q	h	a	n	d	h
h	y	b	d	k	f	r	p	n	j	k	i	e
o	a	n	e	g	n	s	m	o	m	l	f	a
u	c	e	h	f	t	e	i	c	o	e	g	d
l	w	c	v	o	u	j	e	d	u	l	w	h
d	j	k	m	o	n	a	b	z	y	e	x
e	x	k	s	t	o	m	a	c	h	s	v	g
r	h	l	g	o	f	p	a	r	b	t	c	u
i	c	h	e	s	t	e	q	d	f	a	c	e

- face
- foot
- head
- chest
- mouth
- knee
- stomach
- leg
- shoulder
- neck
- elbow
- hand

154

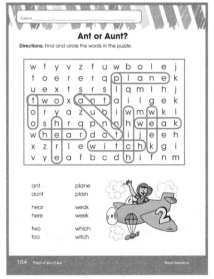

Ant or Aunt?

Directions: Find and circle the words in the puzzle.

w	t	y	v	z	t	u	w	b	o	l	e	j
t	o	e	r	e	r	q	p	l	a	n	e	k
u	e	x	t	s	r	s	l	q	m	l	h	j
t	w	o	x	a	n	t	a	i	l	g	e	k
o	r	y	a	z	u	b	i	w	m	w	k	l
o	s	h	r	q	p	n	n	h	w	e	a	k
w	h	e	a	r	d	o	t	i	j	e	e	h
x	z	r	l	e	w	i	t	c	h	k	g	i
v	y	e	a	f	b	c	d	h	i	f	n	m

- ant
- plane
- aunt
- plain
- hear
- weak
- here
- week
- two
- which
- too
- witch

Answer Key

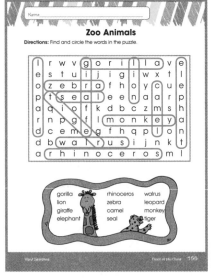

155

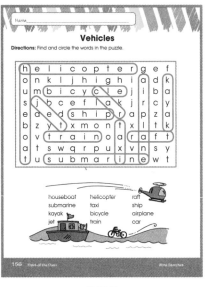

156

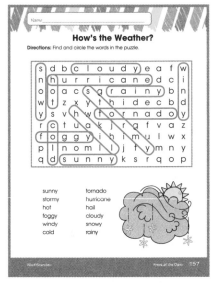

157

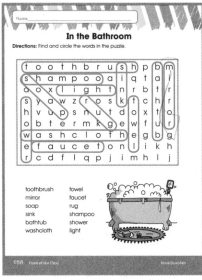

158

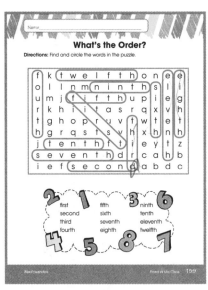

159

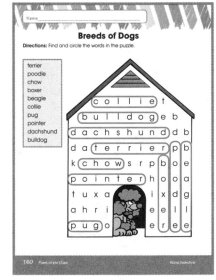

160

Answer Key

161

Let's Read

Directions: Find and circle the words in the puzzle.

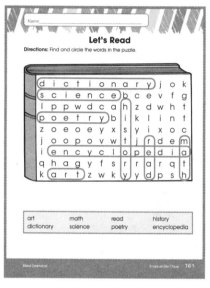

art	math	read	history
dictionary	science	poetry	encyclopedia

162

It's the Opposite

Directions: Find and circle the words in the puzzle.

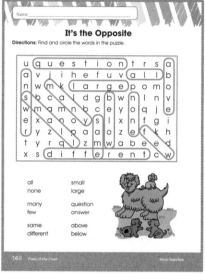

all	small
none	large
many	question
few	answer
same	above
different	below

163

Verbs

Directions: Find and circle the words in the puzzle.

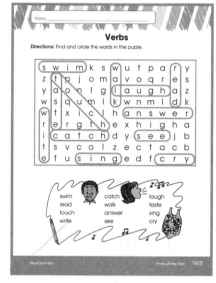

swim	catch	laugh
read	walk	taste
touch	answer	sing
write	see	cry

164

More Verbs

Directions: Find and circle the words in the puzzle.

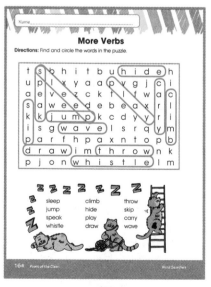

sleep	climb	throw
jump	hide	skip
speak	play	carry
whistle	draw	wave

165

Water Animals

Directions: Find and circle the words in the puzzle.

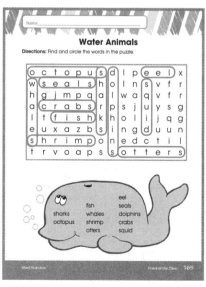

	fish	eel
sharks	whales	seals
octopus	shrimp	dolphins
	otters	crabs
		squid

166

At the Market

Directions: Find and circle the words in the puzzle. Can you find an extra word?

The extra word I found is ___popsicle___.

cheese	meat	celery	peaches	salt
bread	milk	soup	fish	apples

Answer Key

Tasty Compounds
Directions: Find and circle the words in the puzzle.

watermelon | fruitcake | peppermint
popcorn | cupcake | blueberry
pancake | breakfast | grapefruit
oatmeal | peanut | seafood

167

Vegetables
Directions: Find and circle the words in the puzzle.

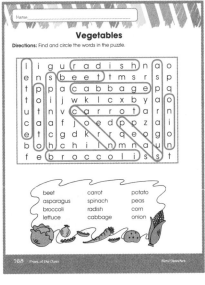

beet | carrot | potato
asparagus | spinach | peas
broccoli | radish | corn
lettuce | cabbage | onion

168

Things That Go
Directions: Find and circle the words in the puzzle.

subway | gondola | ambulance
taxi | helicopter | speedboat
bicycle | tractor | yacht
ferry | forklift | motorcycle

169

In the House
Directions: Find and circle the words in the puzzle.

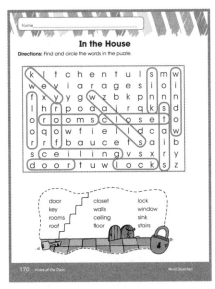

door | closet | lock
key | walls | window
rooms | ceiling | sink
roof | floor | stairs

170

Amazing Wheat
Have you ever thought about all the foods that come from wheat flour? Wheat flour is used to make bread. It is used to make some of the cereals you eat for breakfast. Wheat flour makes tasty cookies, cakes, and pancakes. And that's not all! Wheat flour is also used to make noodles like spaghetti and macaroni.

Directions: Find and circle the words in the puzzle.

wheat
cookie
flour
cake
bread
noodle
cereal
food

171

School Days
Directions: Find and circle the words in the puzzle.

paper | eraser | glue
pencil | chalk | scissors
test | crayons | teacher
desk | paint | computer

172

Answer Key

ABC Compounds

Directions: Find and circle the words in the puzzle.

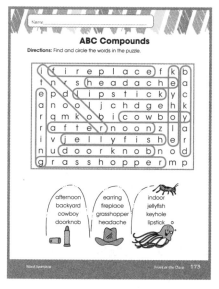

afternoon
backyard
cowboy
doorknob

earring
fireplace
grasshopper
headache

indoor
jellyfish
keyhole
lipstick

173

Animal Babies

Directions: Find and circle the words in the puzzle.

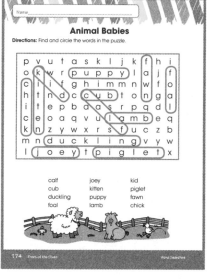

calf
cub
duckling
foal

joey
kitten
puppy
lamb

kid
piglet
fawn
chick

174

Sports

Directions: Find and circle the words in the puzzle.

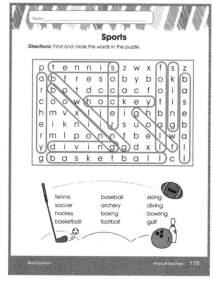

tennis
soccer
hockey
basketball

baseball
archery
boxing
football

skiing
diving
bowling
golf

175

Everyday Things

Directions: Find and circle the words in the puzzle.

flashlight
iron
clock
radio

camera
refrigerator
stereo
vacuum

hose
oven
lamp
telephone

176

In the Desk

Directions: Find and circle the words in the puzzle.

pencil
paper
stapler

crayons
notebook
pen

eraser
paints
tape

177

Fruits

Directions: Find and circle the words in the puzzle.

apple
banana
orange
grapes

strawberries
watermelon
peach
cherries

pear
raspberries
lemon
grapefruit

178

Answer Key

179

180

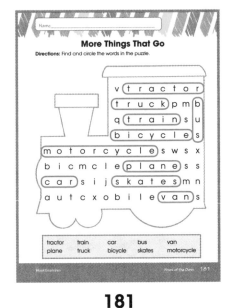

181

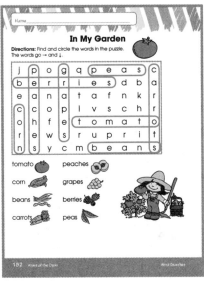

182

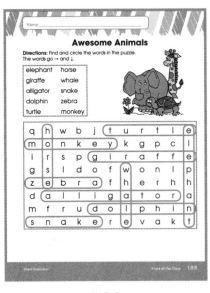

183

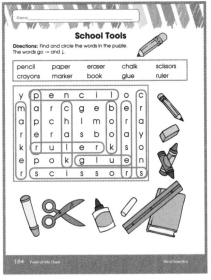

184

Answer Key

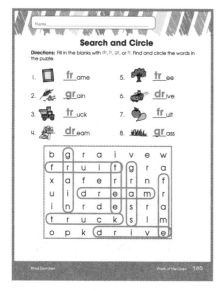

185

186

187

188

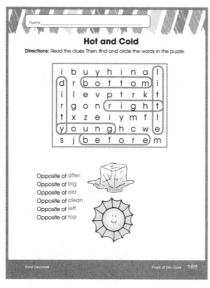

189

190

Answer Key

191

Snow Sports

Directions: Find and circle the words in the puzzle.

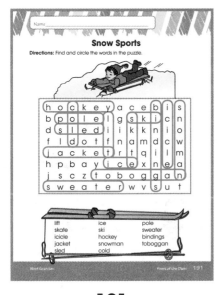

lift	ice	pole
skate	ski	sweater
icicle	hockey	bindings
jacket	snowman	toboggan
sled	cold	

192

Art

Directions: Find and circle the words in the puzzle.

paint	red	tape
brush	chalk	paste
crayon	frame	paper
scissors	stencil	color

193

What's the Word?

Directions: Find and circle the words in the puzzle.

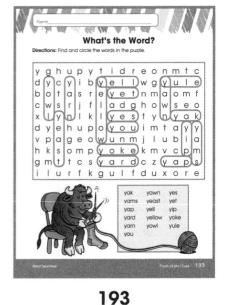

yak	yawn	yes
yams	yeast	yet
yap	yell	yip
yard	yellow	yoke
yarn	yowl	yule
you		

194

Truckin' Along

Directions: Find and circle the words in the puzzle.

jump	jug	jolly
jade	jet	jog
joke	jungle	job
jelly	jar	jeeps
jab	jam	

195

Insects

Directions: Find and circle the words in the puzzle.

fly	legs	wasp	ant
bug	beetle	cricket	wings
moth	roach	stinger	feelers
butterfly			grasshopper

196

Sounds

Directions: Find and circle the words in the puzzle.

bang	splash
buzz	squeak
crash	clink
growl	thump
purr	snarl
hiss	slurp

Answer Key

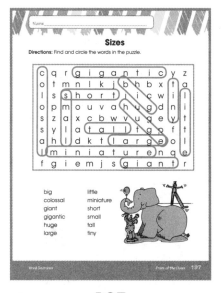

197

198

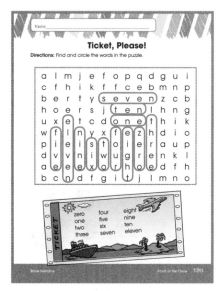

199

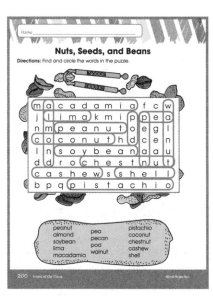

200

201

202

Answer Key

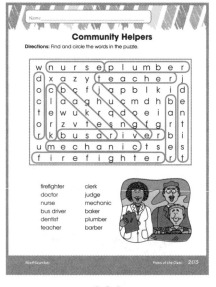

203

204

205

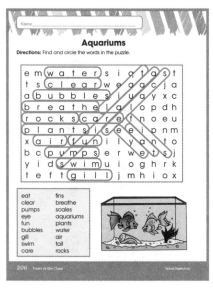

206

207

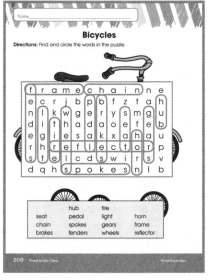

208

Answer Key

209

210

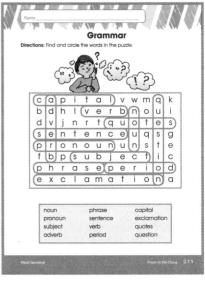

211

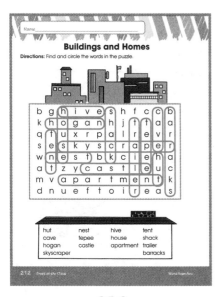

212

213

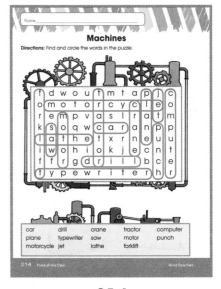

214

Answer Key

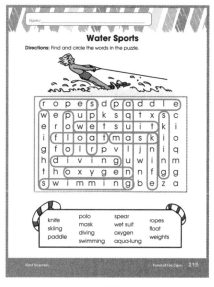

215

216

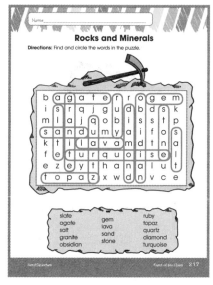

217

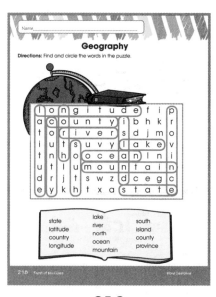

218

219

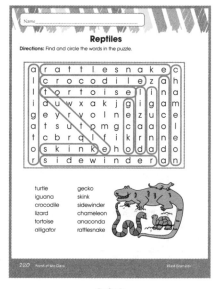

220

Answer Key

221

222

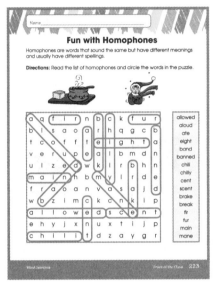

223

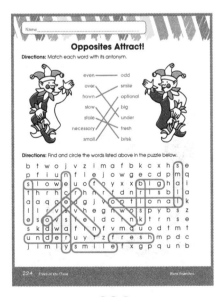

224

225

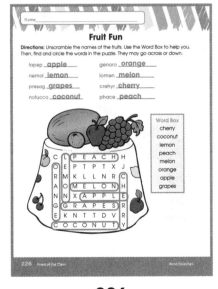

226

Answer Key

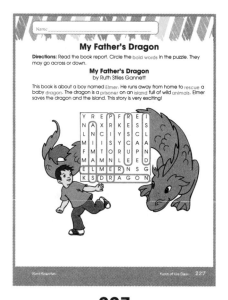

227

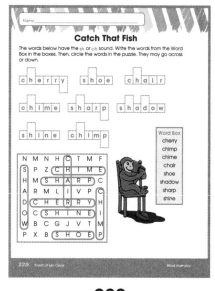

228

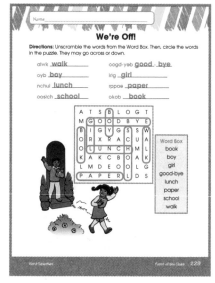

229

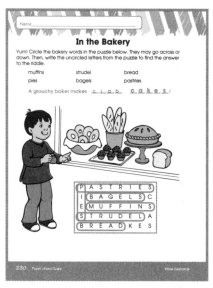

230

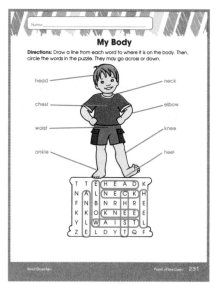

231

232

Answer Key

233

234

235

236

237

238

Answer Key

Just Do It!

Directions: Unscramble the verbs (action words). Use the Word Box to help you. Then, circle the words in the puzzle. They may go across, down, or diagonally.

glouh **laugh**   thosu **shout**
danst **stand**   klaw **walk**
nlkrd **drink**   kolo **look**
slenlt **listen**   blidu **build**

Word Box
build
stand
look
walk
laugh
shout
drink
listen

```
D F Z L A U G H
B R P K W T S L
S U I Q F H T I
K H I N M L A S
T V O L K O N T
K V L U D O D E
W A L K T K N N
```

239

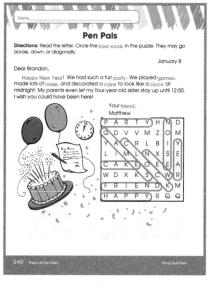

Pen Pals

Directions: Read the letter. Circle the bold words in the puzzle. They may go across, down, or diagonally.

January 8

Dear Brandon,

Happy New Year! We had such a fun **party**. We played **games**, made lots of **noise**, and decorated a **cake** to look like a **clock** at midnight. My parents even let my four-year-old sister stay up until 12:00. I wish you could have been here!

Your **friend**,
Matthew

```
P A R T Y H N D
P D V V M Z O M
Y A C R L B I Y
L I M L N X S E
C A K E O E E A
W D X K S C W R
F R I E N D K X
H A P P Y R Q Q
```

240

Playtime

Directions: Unscramble the nouns (person, place, or thing). Use the Word Box to help you. Then, circle the words in the puzzle. They may go across, down, or diagonally.

odg **dog**   owteirs **flowers**
aert **tree**   cybciel **bicycle**
oyb **boy**   tac **cat**
esbuhs **bushes**   tbsake **basket**

Word Box
cat
dog
bicycle
tree
flowers
basket
boy
bushes

```
F B U S H E S O M
L X L E P K G R
O Q C A T N Q S
W U B O Y R U E
E D D O G C R E L
R A K S M O L L E
S I J B A S K E T
```

241

Tree-mendous!

Directions: Unscramble the names of each tree below. Use the Word Box to help you. Then, circle the tree names in the puzzle. They may go across, down, or diagonally.

Word Box
birch
cypress
holly
juniper
maple
palm
pine
willow

pamel **maple**   niep **pine**
irbhc **birch**   lolhy **holly**
pyrsesc **cypress**   rinjpue **juniper**
mapl **palm**   lwilwo **willow**

```
W I L L O W M A
T R P E E A S
B A R A I K P B
I S N V L N L I
H O L L Y M E R
J U N I P E R C
C Y P R E S S H
L T U D R H R D
```

242

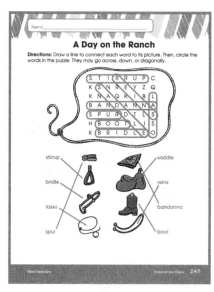

A Day on the Ranch

Directions: Draw a line to connect each word to its picture. Then, circle the words in the puzzle. They may go across, down, or diagonally.

```
S T I R R U P C
K S N R E Y Z Q
K N A Q K I B L
B A N D A N N A
S P U R D T L S
H B O O T L I S
K B R I D L E O
```

stirrup   saddle
bridle   reins
lasso   bandanna
spur   boot

243

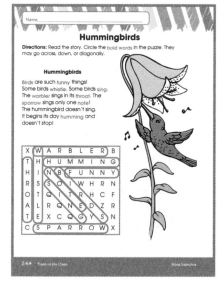

Hummingbirds

Directions: Read the story. Circle the bold words in the puzzle. They may go across, down, or diagonally.

Hummingbirds

Birds are such funny things!
Some birds **whistle**. Some birds **sing**.
The **warbler** sings in its **throat**. The
sparrow sings only one **note**!
The **hummingbird** doesn't sing.
It begins its day **humming** and
doesn't stop!

```
X W A R B L E R B
T H U M M I N G
H I N B F U N N Y
R O S O I W H R N
O T Q I T R H C F
A L R Q N E D Z R
T E X C Q G Y S N
C S P A R R O W X
```

244

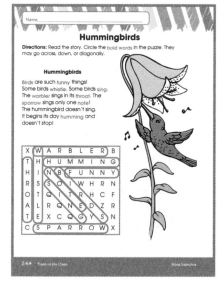

Answer Key

245

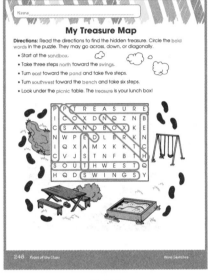

246

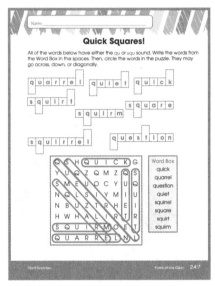

247

248

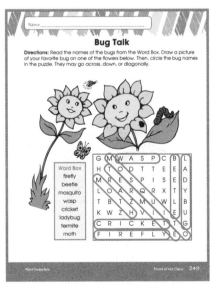

249

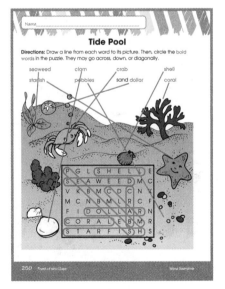

250

Answer Key

251

252

253

254

255

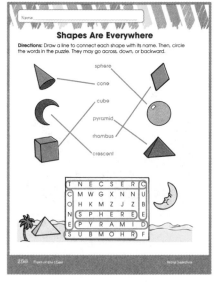

256

Answer Key

257

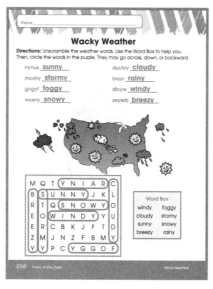

258

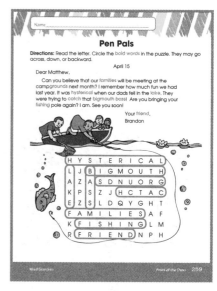

259

260

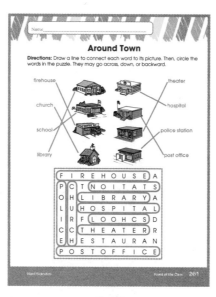

261

A Day at the Zoo

Directions: Draw a line to connect each animal with its name. Then, circle the names hidden in the puzzle. They may go across, down, or backward.

262

Answer Key

263

264

265

266

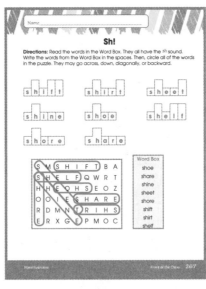

267

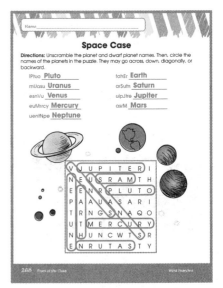

268

Answer Key

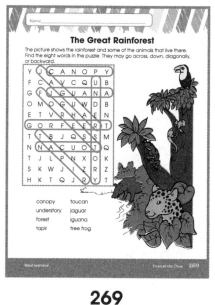

269

270

271

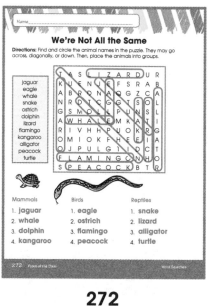

272

273

274

Notes